深山里淌来的清泉
——一位父亲的家书

武书平 著

河南大学出版社
HENAN UNIVERSITY PRESS

·郑州·

图书在版编目(CIP)数据

深山里淌来的清泉：一位父亲的家书/武书平著.—郑州：河南大学出版社,2020.4

ISBN 978-7-5649-4206-9

Ⅰ.①深… Ⅱ.①武… Ⅲ.①书信集－中国－当代 Ⅳ.①I267.5

中国版本图书馆 CIP 数据核字(2020)第 053207 号

责任编辑	阮林要　李亚涛
责任校对	林方丽
封面设计	陈盛杰

出版发行	河南大学出版社
	地址：郑州市郑东新区商务外环中华大厦 2401 号
	邮编：450046
	电话：0371-86059750(高等教育与职业教育分公司)
	0371-86059701(营销部)
	网址：hupress.henu.edu.cn
排　版	河南大学出版社设计排版部
印　刷	新乡市豫北印务有限公司
版　次	2020 年 6 月第 1 版
印　次	2020 年 6 月第 1 次印刷
开　本	787mm×1092mm　1/16
印　张	13.75
字　数	189 千字
定　价	36.00 元

(本书如有印装质量问题,请与河南大学出版社营销部联系调换)

写在前面的话

"狼爸虎妈"教育子女取得成功的书籍,在市面上已经不是什么稀罕之物,"亲爹亲娘"教育子女成功的书籍却并不引人注目。

"狼爸虎妈"教育子女,子女学业进步,升学顺利,这些短期的目标无疑如愿以偿地实现了。但是,在"狼爸虎妈"用他们的威武和大棒压制甚至打击之下成长起来的孩子,个性显然不能得到应有的张扬,他们能否正确处理生活中复杂的事务,走上工作岗位能否独当一面地去迎接挑战,这些问题尽管都还有待进一步考验。

培养和教育子女是一件百年树人的大事,不仅关系子女未来的生活幸福,而且关系家庭未来的发展前景,更重要的是,它还关系民族未来的性格、强大和繁荣。

在国际社会有识之士想方设法在孩子身上培养爱心加狼性的大背景下,我们的一些父母却在用压制和威猛来培养自私加"娘炮",两种教育的对比,曾经是网上好长一段时间的一个热议话题,不少人喊出了"娘炮"误国的强音,甚至新华社也发表评论员文章《"娘炮"之风当休矣》。

在子女教育问题上,陪伴是硬核的道理,建设学习型家庭,父母子女共同学习,父母以自己的学习活动陪伴子女成长,是很多家庭成功的经验。父母学习,不一定要学习子女学习的初中、高中内容,父母可以学习自己的专业,可以读书看报纸,可以欣赏优秀文学作品,等等。陪伴具有最真挚的疼爱,陪伴具有最亲切的示范,陪伴是最耐心的教育,陪伴是最深远的影响。只有用学习陪伴学习,用心灵陪伴心灵,用信任陪伴信任,只有爱心守护,才是真正的陪伴。

有了学习这个共同活动,有了陪伴这个长期厮守,让天下父母伤尽脑筋的叛逆问题就被克服了。青春期的孩子都有叛逆,他们叛逆的是谁?是父母,是对他们指手画脚的父母,是高高在上的父母。没有一个孩子的叛逆是针对同学的,没有一个孩子的叛逆是针对朋友的,没有一个孩子的叛逆是针对同伴的。有了陪伴和厮守,父母成了子女的朋友,他们感情加深,心灵相通,彼此信任,子女在父母面前感觉到了安全,不再需要保守自己的秘密,不再担心父母侵犯自己的尊严,不再对父母设置防范,父母子女之间就没有了隔阂,子女对父母就没有了叛逆。没有了叛逆,父母子女之间的一切问题都容易解决了。

教育子女是伟大的爱心事业,只有用父母的爱心才能培养起子女的爱心,子女对社会对人民有了爱心,才会不辞辛劳地学习和工作,才会努力向上争当社会的栋梁,才会勇敢地去担当社会赋予自己的那份责任。有这样一个孩子,他基本没有上过幼儿园,小学顶多上了四年,初中大概也只上了不到两年半,高中上学时间也和初中差不多。他身体一般,比别的孩子上学少的那部分时间都是身体原因耽误的。他智力一般,没有一目十行的阅读能力,没有过目不忘的记忆能力,没有一看就懂的理解能力,没有一做就会的解题能力。他习惯不太好,上小学的时候在凳子上坐着坐着就站了起来,站着站着就坐到了课桌上,老师说他有多动症,给家长留足了情面才说他属于中下等学生。小学三年级的一次转学考试,他的语文和数学两科成绩加起来还不到 80 分,比多数孩子的一科成绩都低。但是,他的家长用耐心和爱心,用陪伴和相伴,用引导和指导,用锻炼和训练,用动脑和动手,用艰苦和吃苦,用奋斗和坚持,成功地让他的学习成绩日有所长,让他的身体状况日有所壮,让他的性格日有所强,让他的担当日有所增,让他德智体全面发展,中考、高考、研考都取得了优秀成绩,还成长为优秀的学生干部——班长、学生会主席。这样的孩子,必将为社会撑起一片绿荫,必将为人们遮挡烈日和暴雨,必将能用自己的努力增进人民的福祉。

其实人和人之间,先天的因素尽管有差别,但差别是很小的,小到可以忽略不计。现在流行讲智商、情商和遗传商,常常有各种各样的智商测试题,测试结果有的一百几十分,有的几十分,差距很大。智商测试分数的差距不等于智商的差距,这个分数差已经把智商差放大了几百倍几千倍。即使是智商测试三五十分的孩子和智商测试满分的孩子,真正的智商差也可以忽略不计。幼时的爱因斯坦就是街坊邻居老师同学眼中的笨孩子,大家都以为他智商太低了,可就是这样一个"低智商"的爱因斯坦,却为人类贡献了很多所谓高智商的人都没有能够贡献的相对论,改变了人类的生活。爱因斯坦能有这样的成就完全是得益于他母亲对他的赞赏和爱。有一个孩子,小学时候学习优秀,初中时候学习优秀,只要有一次考试成绩不在前三名,遭遇就是爸爸妈妈的"混合双打",初三时候一次猛打,是关起门来打的,打到了对门和楼上楼下的邻居都害怕的程度,邻居害怕把孩子打残,好几个人聚集到他家门口集体敲门阻止,他的父母就是不开门,直到精疲力竭方才罢休。高中时候一次考试后家长跑到教室里直接把孩子抓出来,在教学楼的楼道里就是一通臭骂,从头数落到脚,对孩子的颜面不管不顾。"狼爸虎妈"的教育也确实起了作用,高中毕业后这个孩子考上了国内最好的大学,但是上大学后他就抑郁了,研究生考试也没有参加后就业后也不适应工作,不善于处理与同事的关系,不善于克服工作困难,再后来就回到家乡穿着不合时宜的服装在小县城的街道上逛来晃去,嘴里嘟嘟囔囔地说着"我是全县第一,我是全县第一,我是全县第一……"这个孩子的结局太过悲惨,可能有点极端,但他绝不是个例。如果我们再去考察一下高压政策下培养出来的孩子,那些没有落得这种悲惨下场的优秀孩子,其中有相当数量过得不够幸福,不是处理不了工作关系,就是处理不了家庭关系。棍棒底下出名牌大学生,棍棒底下未必就能出高才生,未必就能出有益于社会的人才,未必就能出生活幸福的公民。

你不喜欢吃的苦别人会替你吃,你不喜欢付出的奋斗别人会替你付出,你想取得但不能取得的优异成绩别人会替你取得,你希望过而又过不上的幸福生活别人也会替你去过。人生的成功,仅仅靠吃苦和奋斗是不够的,还需要思想和方法,还需要设计和目标。"狼爸虎妈"和"亲爹亲娘",就是两种不同的思想和方法,到底哪个更好,哪个更正确?教育子女要有战略眼光,不能只盯着眼前这点事情,既要走好脚下的路,考上理想的大学,又要着眼于终身的发展和幸福,既要把自己的事情办好,又要能造福社会苍生。所以,哪个能让孩子成长为造福人类的人才哪个就更好,哪个能给孩子带来终生的幸福哪个就更好。

  本书始终贯穿的一个思想是陪伴教育。普通孩子怎么才能成才?普通孩子该作怎样的奋斗?普通孩子的父母该做什么努力?怎样才能让普通孩子幼时茁壮成长?怎样才能保证普通孩子未来生活幸福?普通孩子怎样才能成为社会的栋梁?一般家庭怎样才能造就民族的英才?每个孩子都是一个装满好炭的炉子,我们只需要用关爱把炉子点燃。本书涉及的故事全是真实的故事,尽皆倾注着真情,可以这样说,这些书信讲述了一个如何用真爱点燃炉子的故事。

  世界上的事历来就是仁者见仁,智者见智。做"狼爸虎妈",还是做"亲爹亲娘",全凭自己选择。

作者

2020 年 3 月 12 日

目 录

良知向孩提,无如父子亲

002　　第01封信　我最思念的那一匹马
006　　第02封信　长大后,我就成了您(一封回信)

修身不言命,心灵无小事

011　　第03封信　做人不要斤斤计较,要学会宽容
016　　第04封信　做人要有责任心,世界才会更精彩
021　　第05封信　没有健康就没有一切,要爱护好自己的身体
027　　第06封信　处世戒多言,言多必失
033　　第07封信　不生气,不迁怒
039　　第08封信　不犯关键性错误,不两次犯同一个错误
043　　第09封信　行善一旦被当作手段,就成了作恶
047　　第10封信　勤俭节约,珍惜人类的劳动成果
053　　第11封信　诚信是立身之本
057　　第12封信　遵守纪律是个人成功的保证
061　　第13封信　哲人的足迹,深远的启示
065　　第14封信　常读读《论语》,多学学做人

处世在一诚,善良乃春天

072	第15封信	交友须谨慎,事关德与绩
077	第16封信	识人难,难识人
081	第17封信	交友之道不偏废,友谊方可万古存
086	第18封信	百善孝为先,孝悌仁之本
089	第19封信	重温《论语》,再学孝顺
091	第20封信	坐而论道不如起而行之,孝顺尊长贵在行动
095	第21封信	忠诚是人生的大别山
099	第22封信	做人必须忠诚,不可存有二心
104	第23封信	做人要讲原则,不能做好好先生
107	第24封信	做人要乐观,要拿得起放得下
111	第25封信	做人要低调,不可张扬
115	第26封信	诸葛一生唯谨慎,吕端大事不糊涂

大道如青天,百川终成海

121	第27封信	做人不能懒惰,要坚持勤奋
126	第28封信	管理好自己的时间,让工作和生活从容不迫
130	第29封信	要经常思考,不要辜负了聪明的头脑
135	第30封信	名言谈思考,警句说动脑
137	第31封信	做人不应该安于现状,要不断追求
141	第32封信	只有敢于失败,才是真正的敢于成功
144	第33封信	耐得住寂寞,唱好属于自己的凯歌
148	第34封信	人在丛林,思危所以求安
152	第35封信	热爱和融入一个地方,要从了解这个地方开始
156	第36封信	摈弃零和思维,建立双赢格局

160	第 37 封信	心在哪里,世界就在哪里
163	第 38 封信	心灯不灭,光明永存

两情若久长,岂在朝暮间

166	第 39 封信	麦穗与大树,苏格拉底的智慧
170	第 40 封信	相信爱情,不要拖了事业的后腿
173	第 41 封信	人总要活得有个样子
177	第 42 封信	给孩子选一个好妈妈
180	第 43 封信	离开品德,美貌就毫无价值
183	第 44 封信	习惯好,人生才可以幸福
186	第 45 封信	勤奋放第一,幸福无上限
188	第 46 封信	职业折射个人素质和家庭实力
191	第 47 封信	故事里包含着可操作的哲理
194	第 48 封信	人间的美好,在于爱心
199	第 49 封信	正常的日子,就是幸福的生活
204	第 50 封信	用最平常的心,走最平常的路

208	后记

良知向孩提，无如父子亲

第01封信
我最思念的那一匹马

亲爱的孩子：

高山仰止，景行行止。天下父亲，都是子女厚实的依靠，都是子女宽阔的大道。

人们常说父爱如山。父爱不是那么细腻，却是这般稳重，它不是甜蜜的唠叨，却句句语重心长。父爱的珍贵，在于它凝聚了人生的经验，在于它充满了人生的智慧，在于它能让子女的人生顺畅、生活甜美。

那些缺失了父爱的人，更懂得父爱的价值。那些经历了坎坷的人，更知道父爱的意义。那些走过弯路的人，思念中的父亲形象更无比伟岸：仰之弥高，钻之弥坚，瞻之在前，忽焉在后。

那一匹马。

他是1930年的一匹马，正值英年而早逝。

那是1976年，一个历史永远不会忘却的年头。那年我12岁，妹妹10岁。那年唐山发生7.8级大地震，25万人死亡。那年毛泽东、朱德、周恩来相继去世，尤其是毛泽东主席的逝世，让全国人民从内心深处担忧国家的前途和命运，如同天塌了一样。那年我家的天真的塌了，那年我的那匹马也去世了，他死于贫穷，他死于饥饿，他死于缺医少药。

秋风吹起时，他已经病重了，咬着牙，忍着痛，他把秋天应该干的农活全部漂亮地干完了。也许是因为有热爱社会主义的觉悟，但我更相信他是为了那点可以养家糊口的工分。

他卧病在床不起了,大约有三个月之久。半饥饿是那个时代的常态,种田的农民吃不饱肚子是那个时代的标志之一。青黄不接的时候,饥饿处于顶峰,前心和后背总是紧紧地贴在一起。初秋时分,收了什么吃什么,变着各种花样地吃,也吃得直叫人倒胃口。比如刨了土豆的时候一日三餐都是土豆,蒸土豆,煮土豆,烤土豆,炒囫囵小土豆,炒土豆条、土豆块、土豆片、土豆泥……土豆至少有十几种吃法,好多种吃法都成了今日大酒店里的名菜,今日的这些名菜,那时候吃起来就只有一个感觉叫倒胃口。他卧病在床也没有什么可以用来改善伙食和增加抵抗力的食物,吃的喝的东西都和健康人一个样,所不同的是他倒胃口的感觉更加厉害,很少能吃下去几口。卧床三个月中,他没有住过医院,没有请过正规的医生,没有打过针,没有输过液,也没有吃过几粒西药片儿,只煎过几副中药,是村里的赤脚医生给开的药方,大多数药材是妈妈自己到大山里挖来的。

他死了,死在数九寒天的冬月廿六日上午九点多,死时皮包骨头。他死得那么悲惨,死得那么可怜,死得那么卑微。他死前半小时,嘴里嘟嘟囔囔说个不停,就是向儿子索要一口砂锅,直到砂锅放进了被窝他才稍稍放心了一点。那匹马,他的父亲那年68岁,哀号着把自己的寿材给他使用,无奈那匹马是一匹高头大马,一米八五的个头,比他的父亲高出了十几厘米。一副用了几十年的大门门板改造成了他的棺材,坟工们抬着去墓地,一路发出吱吱扭扭的响声,走到半路就快散架了。善良的村民、负责的坟工们格外小心地保护着棺材,才勉强得以正常入葬。

他的死,让我失去了父爱,成了我心中一辈子的痛。

我常常想,其实我还是应该恨他的。他不该对子女那么疼爱,不该疼爱得那么细致入微,无论走到哪里,都把孩子带在身边,孩子们无论怎样闹腾和顽皮,他都总是以微笑对待。他不该不舍得让子女吃苦受罪,自己饿着肚子把烤熟的嫩玉米全部给子女吃,去外婆家的时候总是一根扁担两个框子,前头挑着女儿后头挑着儿子,一挑就是 10 多里山路。他不应该每天晚上睡觉前都给子女讲故事,讲那些已经被多少代人讲来讲去的老故事,声情并茂,情节引人,束缚了子女的思想,以至于他们从小就只知道循规蹈矩,没有享受过"胡作非为"的"快乐"。他不应该总是微笑着说事情,从不打骂子女,以至于子女成年后也不会打骂自己的子女。他不该在那样一个不重视读书的年代里决心要供给子女读完高中。他不应该在临终时告诉妈妈家里还欠着村民金鱼六元钱,六元呢,在当时那是一个乡镇干部一个星期的工资!以至于妈妈把这个钱还上以后村里的人在好多方面都对我们照料有加。他有太多太多的不应该,怎么能让人不恨他?

据说,他也有一些让人敬佩的地方,只是和我关系不大,并且都是听村里的街坊邻居们讲的,几十年前他们就这么讲,几十年后他们还这么讲,村里的什么都在变,唯有村民们讲述的这些故事没有变。

那一匹马,他果真有那么优秀吗?故事的真实性不得不让人怀疑。

村民们说他勤劳勇敢,积极进取,是种田能手,传统农业生产各个环节的工作都做得非常出色,犁地、播种、锄草、间苗、固根、培土等他都是村中一顶一的好手。村民们说他心灵手巧,村里所有的手工业作坊都离不开他,榨油坊、砖瓦场、编筐场都离不开他。村民都说他心地善良,邻里乡亲有事,他总是主动帮忙,帮助村民垒火焰、盘热炕如同给自己家干活,不嫌脏不嫌累,不辞辛劳。村民们说他一身正气,路见不平总要伸张正义。村民们说他在柳沟铁厂炼铁、在分水岭修路、在关河建设水库都是劳动模范,只要开表彰大会总有他的奖状。村民们说他对妻子特别负责,妻子因故成疯,他能如影随形三年而使妻子得痊愈。村民们说他对继子女视如已出关怀备至,除了二哥临终时还对他念念不忘的那份感情是我亲历,除了大姐说起他的往事常常泣涕涟涟是我常见,我不得不信以为真之外,其余的是真是假我都有怀疑。

每当村民们说他的好时,我总是不相信,总是怀疑。因为他的不负责任的死,使他的父亲老年丧子,使他的儿女少年丧父,使他的妻子中年丧偶,人生最最不幸的事都落到了他最最亲爱的人身上。那样一匹没有责任心的马,他会埋头拉车？他会那样优秀？

死人已死，活人仍活。母亲下地种田，上山挖药材，替人干家务，省吃俭用，节衣缩食，拉扯着我们艰难度日，幸亏还有一个70岁而勤劳的爷爷开荒种地，还享受着国家给的战士生活补贴。母亲本来想把我培养成一个像那匹马一样的优秀农民，出乎意料的是我居然考上了大学，从事了太阳底下最光辉的职业，成了人民教师。内心里本不想思念那一匹马，只是我每逢清明总要疯癫一场。

好多重要的事，别人20岁就懂了，有的我30岁还在迷茫，有的我40岁才有点眉目，有的我50岁才开始思考。我的生活，不是比别人慢半拍，至少慢一拍，不少事情往往要慢好几拍，最为关键和重要的事情，就不是慢几拍的问题，是成与败、得与失的区别。多少次捶胸顿足，多少次泣涕涟涟，多少次眼泪汪汪，多少次暗自神伤，多少次仰天长叹，多少次面向黄昏。呼天天不应，叫地地不灵。唯有爹有爱，爹却早乘云。

人生如梦，世事无常。天底下没有能够陪伴子女一辈子的父亲。在做父亲这个事情上，我向来就有紧迫感，生怕耽误了什么。从你记事起，就利用各种契机给你讲一些人生经验和做人的道理，好多道理都是反反复复讲过的，但绝不是简单重复。随着你的人生经历的增加，每一次讲都要比前一次讲得更联系生活和实际、更深刻、更注重运用和操作。如今你已经本科毕业，考入了全国名校医科大学，成了一名硕士研究生。我们不仅遥隔千里，更重要的是从见识到知识到思想，我都已经远远落后于你了。唯一不落后的就是这一把年龄，这半个多世纪的经历，这不断积累的人生经验，再以书信的形式给你说一次，希望对你的发展有所帮助。

但愿今后我还有足够的时间和充沛的精力，但愿还能继续给你反复唠叨。

孩子，人生三件宝，胸襟须谦虚，手脚必勤奋，头脑常思考。

祝你健康，快乐，成功，幸福。

父亲
2019年12月21日

第⑫封信
长大后,我就成了您(一封回信)

亲爱的爸爸:

您好!

父爱如山岳,母爱似蜜糖。远在千里之外,爸爸妈妈还时刻记挂着我的身体、学习、工作、做人和做事,千叮咛万嘱咐,过庭之训不绝于耳,为了我的成长,让你们劳神费心,感激之情溢于言表。

我能出生、成长在这样的家庭里,这是我的造化。爱可以点燃一个人的生命,给人无穷的力量,催人向高尚奋进。从小得到过爱的人会很阳光,就像禾苗得到过雨露一样。积极进取的家庭氛围,严谨刻苦的治学作风,乐观向上的生活态度,细腻深刻的爱,优渥的生活条件,足够多的赞赏,让我的追求更加高远。灿烂的笑容常常光顾我的面庞,甜蜜的幸福永驻我心间。

爸爸妈妈懂得爱我,更懂得怎样爱我。人的成长过程,身体是一个方面,最根本的成长是心智的成熟。爸爸妈妈用辛勤的付出教我成长,培养了我符合自己年龄段的思维方式,培养了我热情、开朗、自信、坚韧、自强和向上的性格,丰富了我多彩的内心世界,让我懂得了人生是真实的、热切的、美好的。成长过程中,无论遇到什么样的困难,我都没有退缩过,始终坚持拼搏,始终坚持顽强,都是从爸爸妈妈那里得到的精神基因在发生作用。爸爸妈妈的无私付出,让我体验到了爱的伟大。

我今晚夜班,认真看完您的来信,心中感慨良多!从我记事起,信中的这些话,您就一直"唠叨",好多观点我自己也不知道听您说了多少次了。

小时候,我觉得您很讨厌,一样的话,总是反反复复地说,去年说了今年又说,昨天说了今天又说,甚至饭前说了饭后又说。觉得您光知道讲大道理,简直就是卫道士。那时候,您的样子,很烦人。

随着岁月的更替,我也在逐渐长大。年龄增加了,阅历增加了,经历增加了,知识增加了,理解增加了,您似乎也没有从前那么烦人了,而且,是越来越可爱了。升大学以来,我长大了,您说的那些"烦人"的话我开始懂了,过庭之训常常品味,其中滋味只有反复咀嚼过这些教诲的人才能体会。

如今看着您的来信,字字珠玑,句句有用,声声入耳。见字如晤,您在信中娓娓道来,那么亲切,那么感人,您的音容笑貌跃然眼前,那么慈祥,那么可敬。鲁迅读中国历史只读到了两个字是吃人,我读您的来信也是只读到两个字,内容却截然相反,是爱心。

勤奋,宽容,追求,忠诚,孝顺,责任,原则,家庭,爱情,乐观,健康,低调,思考,惜时,勇敢,担当……您反反复复不知道说了多少次的这些话,我都记住了,深深地记在了我的心间。

这些信,我会反反复复读,不是用眼睛读,而是用心灵读,用手脚读,用身体读。不是读在嘴上,而是读在心里,更要读在行动上,读在工作、学习和生活中。

我不会忘记您的叮嘱:"道理大家都懂,贵在行动。"

爸爸,人常说父母是孩子的第一任老师,我深知您是我一辈子的老师,教我做人做事做学问。您从小对我的教导在潜移默化中深深影响了我,我不曾发觉就处处有了您的影子,您的思想观念,您的思维方式。

我也会把我们的思想观念和思维方式坚持下去,传递下去,让它发扬光大。

爸爸,上高中以来,您没有主动拥抱过我,您没有说过爱我想我之类的甜蜜语言。我上高二那一年的秋天,因为打篮球崴了脚脖子不能走路,每天都是您背着170多斤重的我上学,从一楼背到三楼,从楼道背到教室,一背就是一个多月。那年您已经50岁了,你没有说过一个累字,没有说过一次我胖,也没有说过一个字的甜言蜜语。但我知道,在您的心中满满的都是爱,大概这就是父爱的深沉和厚重吧,咬紧牙关,负重向前,大概这就是人们常说的父爱如山吧。

父母恩勤,如天似海,高深莫测,宽阔无量。

我在成长中,得到过很多人的关心和帮助,得到过很多人的鼓励和支持,得到过很多人的呵护和培养,得到过很多人的教导和指点,得到过很多人的赞赏和关爱。特别是我的老师,从小学到初中,从高中到大学,从学校到医院,从见习到实习,他们都给了我足够多的爱和力量。他们都是我生命中的贵人,是他们用自己的辛勤工作和对我的精心栽培造就了我的不断成长。对于他们的无私,我的心里始终怀着无限的感谢、感激和感恩。

现在读研了,我的导师对我也是像父亲对我一样关怀备至,我常常看到导师就想起了爸爸,想爸爸的时候就去看望导师。

我常常想这样一个问题,究竟我应该怎样去报答所有爱我、帮助过我、关心过我的人?思来想去,答案只有一个:唯有忠诚,唯有努力,唯有奋斗,唯有追求,唯有发展,唯有担当,唯有负责。

"惟贤惟德,能服于人。"我一定要加强个人修养,勿以恶小而为之,勿以善小而不为。我没有别的东西可以奉献给我的亲人,我没有什么东西可以奉献给我的祖国,只有忠诚,只有辛劳。我一定做一个有益于社会,有益于集体,有益于他人的人;不辜负您的谆谆教诲,不辜负您的殷切期盼,不辜负所有人对我的期望。

爸爸,您有许多慢性病,腰椎间盘突出、坐骨神经疼痛、慢性支气管炎、慢性咽炎,睡眠也不好。我妈妈身体也不好,也是腰椎有问题,我知道她的白发都是为我操心而长出来的。你们一定要按时看医生,按照医生吩咐定时定量吃药。你们一定要注意多休息,一定要保重身体。你们一定要适当参加体育运动,加强锻炼。人到中年,散步就是很好的健身方式,不算激烈运动,锻炼效果又很好,记住每天晚上饭后去散散步,少看电视,少看手机。只有你们的身体健康了,我才可以放心。

过些年,等我再长大一些,有了稳定的工作,我们到同一个城市去生活!能经常倾听父母的耳提面命,这该是多大的人生幸事啊!

爸爸妈妈曾经抚育我渐渐长大,我一定侍奉爸爸妈妈慢慢变老。

敬祝爸爸身体健康,心情愉快。

代我向妈妈表达我深深的敬意和无限的思念,祈求上苍保佑妈妈心情愉快、身体硬朗。

此致

敬礼!

孩子　敬呈
2019 年 10 月 27 日

修身不言命，心灵无小事

第03封信
做人不要斤斤计较,要学会宽容

亲爱的孩子:

海纳百川,有容乃大。

吕蒙正是北宋初年的宰相,刚刚担任参知政事,正要进入朝堂时,有人隔着帘子破口大骂:"这种人也能参政吗?"吕蒙正不仅自己假装没有听见就走过去了,还阻止同僚去彻查到底是谁在骂人,他说:"一旦查出来了,还得记恨他呢,不如不查。"这是何等的宽容啊!这真的叫宰相肚里能撑船。

社会是人和人的社会,职场是人和人的职场,家庭是人和人的家庭,每个人都必须在人和人的相处之中生存和发展。人和人相处,有愉快也有闹心,有合作也有冲突。每个人都有自己的缺点和毛病,每个人都有不高兴的时候,每个人都有疲倦和懒惰的时候,人和人之间磕磕碰碰是常态,什么都斤斤计较,计较起来人生就没有幸福可言。

苏东坡给儿子写了一首诗:"人皆养子望聪明,我被聪明误一生。惟愿孩儿愚且鲁,无灾无难到公卿。"

做人不要斤斤计较,要学会宽容。

总观人和人相处,计较来计较去的,不外乎力、利和名。

力气这个东西,出就出啦,不出也攒不下。世界上就没有不出力的工作。三百六十行,无论简单的工作,还是复杂的工作,干什么工作都得出力流汗。人越舍得出力,身体越好,脑子越灵敏。出力就是劳动,劳动当中自有快乐。

劳动还可以健身，力气出了，睡一个好觉，醒来更加精力充沛。所以不要计较出力，活儿多干点少干点都不吃亏，况且都是亲近的人，为他们做点事干点活也是应该的。

　　工资奖金你多点还是他多点，肯定会有差别，这个差别也不一定就能准确反映真实的付出和贡献，但是大体上还是八九不离十的，基本上还是公道的。社会总要有社会的规则，所有的分配基本上还是按照规则进行的。既然总体上是公道的，就没有必要再去计较那些细枝末节的东西。马云在创业早期就领悟到了要把钱看淡。马云说："对阿里巴巴来说，赚钱是我们的指标，但赚钱确实不是我们的目的，这只是我们努力的结果。阿里巴巴的目标是创造很多价值，影响社会，从而影响世界，我们希望影响中国经济、亚洲经济、世界经济，改变中小企业做生意难的问题。"卡罗·道恩斯因为不计较工资和奖金，在美国通用汽车公司总经理宝座上干了20年，成了世界工业史上最为重要的人物之一。卡罗·道恩斯原来是一个银行职员，后来做了通用汽车公司的普通员工，工作非常努力，半年后他被老总威廉·杜特兰先生提拔为部门经理，3年后老总把监督新厂机器安装的工作交给了他，工作更重要更辛苦，责任更重大，但是不升职、不加薪。他没有计较工资奖金，只珍惜这个工作和锻炼的机会，提前一个礼拜就完成了任务。于是他被提拔成公司总经理。计较工资奖金，工资奖金会离你越来越远；为事业而努力，计较工作做得好不好，工资奖金自然会水涨船高。所以，我们应该把目标定得高一点，把工作的重点放在创造价值上，而非只是为了追求薪水。脱离一切向前看的境界，是走向成功的开端。电学之父迈克尔·法拉第在进入英国皇家科学院之前，他的老师化学家戴维告诉他，科学研究工作太艰苦，它要求付出极大的劳动，而且只有微薄的物质报酬，法拉第说："只要能做这件工作，本身就是一种报酬。"如果没有这种不计较报酬的精神，没有在皇家科学院的锻炼，法拉第也不可能成为科学巨匠。和理想、追求、事业以及人生价值比起来，钱就只能是钱。看淡金钱，不在工资和奖金的多少上斤斤计较，才可以创造一个精彩的人生。

至于亲朋好友之间的礼尚往来和人情消费，不要去计算，算是算不清楚的，多花点少花点这都不重要，都无关大局。没有一个家庭的贫困是因为花多了，所有的贫困家庭都是入不敷出，从根本上说是因为挣少了。花钱这种容易事情都不会做的人，挣钱那种困难事情就更不用说了。花钱倒逼挣钱，倒逼人们劳动、创新和创造，对个人对社会都不是坏事。

荣誉这个东西，说到底它应该是对工作和贡献的另一个方式的肯定。荣誉是人人都喜爱的，贡献了就应该得到应有的荣誉。但是没有那么多绝对的公平，迟一点早一点，大一点小一点，多一点少一点，今年你明年他，这次你吃点亏下次他吃点亏，从整体上看还是公平的。一个人斤斤计较起荣誉来，本身就不配荣誉，本身就没有境界。法国放射化学家和物理学家玛丽·斯科罗多夫斯卡，因嫁给皮埃尔·居里，人们通常叫她居里夫人。居里夫人是一位杰出的科学家，她曾经在1903年和1911年两次荣获诺贝尔奖，具有各种名誉头衔117个，接受过7个国家的24次奖金和奖章。居里夫人根本不在乎这些荣誉，她工作不是为了荣誉。她把奖章给孩子当玩具，朋友看见她的小女儿正在玩耍英国皇家学会刚刚颁发给她的金质奖章，感到很是惊讶："英国皇家学会的这个奖项是极高极高的荣誉，奖章怎么能给孩子玩呢？"居里夫人淡淡一笑："孩子从小就应该知道荣誉不过就是一个玩具而已，玩玩还是可以的，看得太重就要出问题，躺在荣誉之上有了功成名就的思想，后半生就会一事无成。"如果居里夫人躺在荣誉上享受过去的成就，怎么能够为人类做出那么多贡献呢？荣誉是从集体中来的，荣誉是团队团结奋斗的阶段性成果，是团队事业的一个逗点，如果看到一点收获就开始为了"分赃"而斤斤计较，后边的路还怎么走？后边的工作还怎么干？离开了团队，离开了他人，任何人都必将一事无成。

无论是力是利还是名，越是亲近的人，越不应该计较，比如回到家里，家务活儿谁多干了谁少干了，谁做饭了谁没有洗锅，谁洗衣服了谁没有抹桌子，谁拖地了谁没有擦玻璃，统统都不应该计较。对方累了自己多干点是应该的，如果没有这个想法，如果这些琐事都不能包容，两个人走到一起组织这个家庭，从根本上说就是一个错误,这压根儿就是一对不该走到一起的人。

宽容的人,会令对手都敬佩不已。世界哲学史上的大师级人物黑格尔,他的客观唯心主义令人折服,他的唯心主义辩证法令人折服,他的宽宏大量的优秀品质更令人折服。他在柏林大学任教期间,已经是哲学界公认的哲学之王。1820年同是柏林大学教师的叔本华声称看不起黑格尔,他说黑格尔"是哲学界的耻辱与不幸""黑格尔的哲学有四分之一是陈词滥调,四分之三是胡说八道",并申请和黑格尔展开赛讲,同时授课,争夺学生。叔本华的这一申请是需要经过黑格尔的批准才可以实施的。按常理,黑格尔不仅不会批准,还会取消他的教师资格。但是黑格尔却十分宽容地给他提供了这个讲台和机会,允许他宣讲"黑格尔的哲学使整个德国知识界的心灵和大脑腐败"的观点。最后的结果可想而知,黑格尔大获全胜,黑格尔的课堂学生爆满,叔本华的课堂只有三人。尽管赛讲败北后叔本华自己离开了柏林大学,但这并不是黑格尔没有挽留。叔本华离开的是柏林大学,黑格尔统治的是德国的整个哲学界,如果黑格尔因此而对他排挤打压,叔本华断然是不能发展成世界著名哲学家的。叔本华敢于挑战权威令人敬佩,黑格尔大海般的胸襟更令人折服。宽容是实力雄厚的表现,没有实力,害怕失败的人是不敢宽容的,他们绝对不会给挑战者提供任何便利,反而会企图把挑战者赶尽杀绝。宽容是谋求发展的动力,放手让挑战者去攻击,自己只需要努力做到无懈可击。宽容是举世公认的美德,不仅能给自己争得人民的崇敬,更能为自己的进步和发展提供力量和条件。

斤斤计较是没有自信的表现,是没有追求的表现。不相信自己,不相信自己会有美好的明天,眼睛里只能看到时下的那些鸡毛蒜皮,鸡毛蒜皮就是天大的存在,就是人生最大的追求,怎么能不斤斤计较?有了追求,有了理想,敢于奋斗,敢于吃苦,相信自己的能力,相信明天一定会更加美好,眼下的这些无关大局的事就什么都不算,身边就不存在不愉快的事,内心就没有不愉快的感觉。与理想相比,与未来相比,一切都是渺小的,一切都是不值得放到心间的,因而也就不存在计较这个问题了。抓大放小,什么大?未来是大,理想和追求是大,为实现理想的奋斗是大。世上本无事,庸人自扰之,谁是庸人?没有理想和追求的人是庸人。庸人用什么搅扰自己?用那些鸡毛蒜皮的小事,用那种斤斤计较的心态,得到前绞尽脑汁,得不到耿耿于怀,闷闷不乐。世上没有事,有什么?有高人。高人就是有追求、有理想、肯奋斗、不计较的人。高人就什么都不计较吗?高人计较的是未来,高人计较的是追求了没有,努力了没有,奋斗了没有,理想实现了没有。无论什么事,无论什么人,无论什么得失,只要不妨碍理想的实现,就都是风儿,都是尘埃,不足挂齿,更不会挂心。计较不计较,是一个境界问题。

水至清则无鱼,人至察则无徒。聪明常被聪明误,人不能太精明,该糊涂的时候还是要糊涂点,聪明难,糊涂更难,由聪明而转入糊涂难上加难。糊涂是大彻大悟,糊涂是大智若愚。至察无徒,人生的路上很孤单,奋斗的路上无帮手,前行的路上有阻力,追求的路上生陷阱。

总之一句话,宽容,宽容人,宽容事,宽容缺点,宽容错误。心宽,世界就宽。宽容一切,一切都美好。宽容是康庄坦途,计较是悬崖峭壁。宽容很难,所以宽容十分珍贵。

孩子,一定要宽容地对待周围的人和事,为自己的生活和发展营造一个和谐的环境。

祝你在和谐的环境里发展进步。

父亲
2019 年 8 月 6 日

第④封信
做人要有责任心,世界才会更精彩

亲爱的孩子:

  某公司招聘三名部门经理,报名的人很多,笔试面试后初步确定了三个待录用对象。公司对他们表示祝贺后,安排他们去整理建筑工地,把堆放杂乱的红砖码成三个方垛,每人分别负责一堆。甲说:"已经录用了,已经不需要干这种活儿了。"乙说:"我可不是应聘这样的岗位。"丙说:"让干什么就干什么吧。"在丙的带动下甲和乙也干起来了,但是他俩很不情愿,速度也越来越慢。甲和乙完成了1/3的工作量后按时下班了,丙推迟下班时间直到把工作干完。结果只有丙应聘成功了。公司宁可空缺岗位,也不聘用甲乙,就是因为他们不服从工作安排,消极怠工,没有紧迫感,没有奉献精神。一句话,最后胜出的只有那种对工作具有高度责任感的人。

  孩子,听说你担任了班长,为同学们提供一些力所能及的服务是光荣的,在服务中自己也能得到锻炼和提高。你要尽职尽责,把这个班长当好。

  万事万物都有自己的责任。太阳的责任是照亮黑暗,星星的责任是璀璨天空,雨水的责任是滋润大地,鲜花的责任是美丽世界,学生的责任是努力学习,班长的责任是服务同学,人生的责任是奉献社会。万事万物都尽到自己的责任,世界才是一个幸福的世界。现在你担任班长要尽到班长的责任,将来你做医生要尽到医生的责任。全身心地投入你的社会角色当中去,社会才承认你存在的价值和意义。

做人要有责任心，世界才会更精彩。

负责任是基本的诚信，是履行自己的诺言。不管谁，一旦接受了一份工作，就等于自己对单位、对服务对象、对社会许下了自己的诺言。人无信不立，人而无信不知其可也。不负责任的人是靠不住的，是不值得信赖的，是不可以交往和共事的。不负责任的人，在学校是不称职的学生，在单位是不称职的员工，在家庭是不称职的丈夫、不称职的子女和不称职的父母。不称职是要误事的，不负责任的态度和言行，必定会给他人和社会带来损失和伤害。

对工作要有责任心。工作能独当一面，自己手上承担的工作一定要完成得漂亮。某家具销售公司分别派张、王、李去调查家具的数量、价格和品质。张向下属打听了一下供货商的情况后就向领导汇报，他完成这件工作只用了5分钟时间。王花了30分钟，他亲自到供货商那里了解家具的数量、价格和品质。李亲自向三家供货商询问，将最有价值的商品做了详细记录，还和供货商的销售经理取得了联系，汇报的时候给领导提交了一份最佳进货方案。三个员工谁的工作认真负责，谁的工作敷衍塞责，高低立判。烈日炎炎下的建筑工地，所有人都在搬砖，挥汗如雨。有人去问不同的人同一个问题：你在干什么？第一个搬砖人不耐烦的回答只有冷冰冰的两个字：搬砖。第二个搬砖人心态平和，他的回答也是两个字：砌墙。第三个搬砖人内心充满了幸福，脸上洋溢着光彩，他为他正在做的事感到很骄傲：我在盖一座伟大的教堂。把具体工作当作伟大的事业，把伟大的事业当作烦琐的事务，不一样的心态，不一样的追求，就是不一样的责任心。医生是人民健康的守护人，时间观念要强，工作质量要高，尤其是治疗效果要好，把每一件具体的事都当作人民健康这一伟大事业的一部分来做，就会产生高度的责任感。尽量减少患者的痛苦，尽量减少患者的花销。让医院满意，让病人满意，让患者家属满意。对工作的负责程度，决定着一个人工作业绩的大小、社会地位的高低。

尽管你现在还没有成家，但成家也是很快就要发生的事情，所以我想给你说对家庭要有责任心。两个相互爱慕的人走到一起,再生下几个可爱的孩子,夫妻同心,儿女绕膝,那是多么幸福快乐啊。为了这份幸福的延续和发展,需要对家庭承担起责任。努力工作为家庭挣钱,提供一份充裕的物质基础。有好东西不要浪费,不要独自享受,要带回家一起分享。一位朋友给我讲了他自己的亲身经历和感受。他初到河南工作,认识了几位男同事,中秋节前几天单位发福利,三斤月饼,一箱(12个)大大的黄金梨。他的男同事们都替他发愁呢,都问他:"你的梨和月饼怎么办呢?"他说自己吃掉,男同事们都觉得不可思议,觉得不应该这样。在男同事们心里,东西不管多少,都应该带回家里交给妻子,都应该和家人共享,不应该自己单独享用的。梨和月饼发了,他的家在千里之外,送不回去,这就是很大的难题呀。他们责任心强,他们艰苦奋斗,我觉得是值得我学习的,你觉得呢?对家庭负责,还要勤干家务活,还要注重教育子女。在这方面,你妈妈是最出色的。你妈妈干家务从来不计较多少,做饭洗碗洗衣服拖地,不辞辛劳,从来没有怨言。在你的教育问题上,她更是堪称楷模。从小学到高中,12年,她始终陪伴和辅导你学习,好几个学科都是她先学一步然后辅导你,晚上你学习到几点她就陪读到几点,你的英语成绩那么优秀,应该有几分功劳属于你负责任的好妈妈。那种在做家务上总嫌吃亏的人是不配拥有家庭的。那种在教育子女上不想吃苦出力和坚持的人,是不配做人父母的。对家庭承担多大责任,你就会拥有多少幸福天伦。

对子女的责任心,不仅仅是教育,还需要把关人生。在人生的十字路口上,在大是大非面前,在重大原则面前,在重大决定面前,越是在关键时候,越需要家长替子女把好关,毕竟子女的人生阅历有限。所谓尊重孩子的选择,关键时候不去替孩子把关,或者说一些模棱两可的话,实质上是逃避责任,是担心孩子埋怨自己,是自私自利的表现。父亲要尽到父亲的责任,父亲要有父亲的担当。母亲要尽母亲的责任,母亲要有母亲的坚强。2019年11月10日凌晨,山西长治某三甲医院一名优秀医生在家中跳楼轻生,起因是女儿的教育问题。这位妈妈本来是很负责的,女儿小学在全市某优质小学就读,基础扎实,习惯良好,以年级第二名的优异成绩毕业,初中到了全市某优质初中就读。升入初中,母亲还是像女儿在小学时候一样坚持辅导她的作业,女儿学习成绩也一直优秀,初三第一次月考成绩在全年级大约800名学生中名列第70左右。按说这已经是一个很优异的成绩了,但是女儿接受不了,妈妈也接受不了。接下来,女儿厌学,离家出走,妈妈又陪女儿国内旅游,说好了旅游回来就去上学,结果关键时候女儿反悔仍然坚持不再上学。9日晚上母女之间发生了比较激烈的冲突。父亲担心女儿思想有波动,彻夜陪着女儿,不曾想到凌晨5:00闹钟响起,妻子已经跳楼。这样纵身一跳,死者已死,让活着的人怎样去面对和解决留下来的各种各样的后果?在生活正常的情况下,负责就是正常生活,一日三餐,劳作休息。在生活中产生问题的时候,负责就是正视问题,解决问题。这位妈妈逃避问题,不仅仅是不负责,反而是倒负责,不仅没有去正视和解决问题,反而制造了新的更大的问题。对子女的负责,不仅仅是为他们的现在和当下考虑,还要为他们一辈子的幸福考虑。

对朋友要有责任心。孔夫子的一个朋友归天,他没有亲人,孔子就主动承担起了这位朋友的丧葬事务,礼节仪式,一应开销。朋友死,无所归,曰:"于我殡。"孔子交友,重情重义。明朝大臣张居正评价说,朋友之义属于人之五伦,死了还能为他办理丧葬事务,不忍心朋友死后暴尸沟壑,不因丧事而嫌弃他凶煞,不因朋友没有遗产就置之不理,孔子自己承担费用也要把事情办好,实在难能可贵。朋友之义,有贵千金;朋友一体,何论吉凶?但是,在现代社会生活中,能做到这点的恐怕没有几个人。一个人一生中朋友很多,但大多数是过客,是行云,是流水,能真正算得上朋友的寥寥无几。经得起考验的朋友需要珍惜。对朋友的责任就是理解和包容,就是关心和支持。

美国伟大的总统林肯说过:"每一个人都应该有这样的信心:人所能负的责任,我必能负;人所不能负的责任,我亦能负。如此,你才能磨炼自己,求得更高的知识而进入更高的境界。"

记住林肯的这句名言，把属于自己的事情都勇敢地承担起来，去认真地负责，世界将因你而更加美丽，更加精彩，你将因负责而更加高尚，更加幸福。

孩子，盼望你全面发展，尽快成长为一名负责任的优秀医生。

父亲
2019 年 12 月 9 日

第⑮封信
没有健康就没有一切，
要爱护好自己的身体

亲爱的孩子：

说起吴蜀魏三国，你是很熟悉的，但是如果说到曹叡，你恐怕就不太了解了。曹叡是三国时期魏国的第二任皇帝，历史上称作魏明帝。他22岁登上皇帝宝座，曹真、曹休、陈群、司马懿是他父亲曹丕给他安排的四位托孤大臣，这四位一个比一个了得，都不是什么善茬儿，但是曹叡也是很高明的政治家，一年之内就从四位托孤大臣手中收回了权力，在他的领导下，国内各种势力都是服服帖帖规规矩矩，他在位十多年平定鲜卑、消灭公孙渊、巩固政治、发展经济、增强军力，综合实力在三国当中越来越有优势，眼瞅着就要统一中国了。非常遗憾的是，曹叡身体不好，疾病缠身，久治不愈，36岁就驾鹤西游了。曹叡这一死，对曹家是巨大的损失，对魏国是巨大损失，对民族是巨大损失。曹爽敌不过司马昭，魏国江山被司马懿家族篡夺了，司马懿家族政治拙劣直接导致了"五胡乱华"这样一个可耻的历史时期，使中原汉人先进的政治制度、经济成果、文化昌盛、道德高尚都遭到了严重的摧残和肆意的破坏，中原出现了历史上十分罕见的人口锐减、社会倒退和凋零颓废的萧条景象。

一个人，无论地位多么显赫，无论金钱多么富有，无论本领多么高强，没有一个好身体就一切都失去了意义。

儿子是妈妈的心头肉。"慈母手中线，游子身上衣。临行密密缝，意恐迟迟归。"唐代诗人孟郊这一首《游子吟》打动了无数儿女的心。儿女在哪里，妈妈的心就在哪里。无论儿女身在何地,儿女一直在妈妈的心中,妈妈的心总是操在儿女身上。你的妈妈对你的爱总是那么细腻。妈妈从来没有指望过你"谁言寸草心,报得三春晖",她只盼望你身体健康,心情快乐,生活幸福。

你妈妈嘱咐我,一定要给你说说身体和健康。她说了很多,身体是革命的本钱,身体发肤受之父母,健康是最大的财富……

没有健康就没有一切,要爱护好自己的身体。

颜回是孔门十哲之首,人称复圣,对孔子思想领略得最为周全最为深刻,本该继承孔门衣钵,弘扬儒家思想,但是他身体不好,29岁时就头发胡须全白了,30岁就"不幸短命死"了,留下了一个千古遗憾。战国的孙膑、美国的罗斯福、英国的霍金、当今的张海迪……古今中外身残志坚取得卓著成就而被歌颂的人数不胜数。但是我们可以设想,假如他们身体健康,我们有理由相信他们对时代、对人类所做出的贡献将会好几倍于身体有疾的他们。

退一步,不要说那么高尚,不要说对时代和人类的贡献,我们就从小处说,说他们自己的生活,假如他们身体不残废,那该增加多少快乐和幸福呀。

为了自己,也为了他人,我们都应该重视自己的身体。无论多么忙,都应该安排时间锻炼身体。记得有一句名言是这样说的,就其作用而言,运动能代替所有的药品,而任何药品都代替不了运动。曾国藩从小就身体虚弱,30岁的时候就是50岁的身体,身体无力,头脑昏涨,耳鸣严重,常常感觉到疲劳,受身体折磨的他深感痛苦。身体不好,工作压力大,还不注意锻炼和保养,吞云吐雾烟不离手,痴迷小说经常熬夜。61岁时,一天午饭后在花园里散步,突然腿脚麻木头脑昏晕,行走吃力,儿子扶他进屋后不久就命赴黄泉了。养成良好的生活习惯,不要沾染抽烟、喝酒、熬夜等各种有损身体健康的不良嗜好,就能有一个良好的身体。史蒂芬·霍金,21岁就得了渐冻症,医学上预测他只能再活两年,但是他以顽强的意志坚持合理的锻炼,远离一切不良的习惯,比医学预测的两年整整多活了53年,在创造抵抗疾病奇迹的岁月里,还创造了科学研究的奇迹,成了继爱因斯坦之后最杰出的理论物理学家和当代最伟大的科学家,被誉为"宇宙之王"。史蒂芬·霍金延长的寿命都快赶上曾国藩全部的寿命了,正反两方面的经验教训,我们不应该严肃认真地深思吗?

工作要劳逸结合。休息好,身体好,才能够完成更多的工作,而且工作效率高,工作效果好。不要害怕休息影响了工作,适当的必要的休息是提升工作效率的方法。不会休息就不会工作,这句话说的就是这个道理。

穿衣要知冷知热,宽松大方。很多疾病都与穿衣服密切相关。比如穿得太少容易导致风寒病,容易感冒咳嗽,穿得太多容易鼻腔出血,容易大便干结,严重的还容易得血液病。夏天暑热,全身毛孔开放,风寒邪气长驱直入,经络痹阻,伤及脏腑,容易产生多种疾病。根据季节的变换、气候的转化,及时调整穿着。要做一个有心人,到了什么季节应该穿什么样的衣服,都要记在心间,来年到了这个时候,不用等气温的变化,你就可以有预见性地改变穿着了。气候变了再换衣服,是后发性的补救措施,往往是在身体已经受到伤害之后才调节穿衣。衣服应该以宽松舒适为美,衣服穿得宽松了经脉气血就能够通畅运行,人的心情也会安静平和,对身体和心理的健康都有很大的好处。

要预防空调病。空调使用不当会导致多种疾病,比如面瘫、胃肠炎、鼻炎、咽喉炎、关节炎、风湿病、颈肩腰腿痛、肌筋膜疼痛综合征等,更容易导致原有疾病复发或加重。冬季室内外温差太大,很容易感冒发烧头疼。每年清洗一次空调,去除滤网和蒸发器滋生的细菌、霉菌等各种微生物,保证空气卫生。注意通风,每天关三四次空调,每次关机打开窗户通风换气10～20分钟,保持室内氧气的浓度。夏季室内外温差控制在10℃以内为宜,冬季控制在15～18℃为宜。夜间睡眠温度要比白天高点。夏天大汗状态不要进空调房。空调不要直吹人体,尤其是面部及关节部位。以前有同事因为吹空调面瘫过,有朋友因为吹空调胃疼过,因为吹空调感冒的就更多了。去年夏天我因为粗心,没有意识到空调不能直接吹在身体上,无论哪个部位,还误以为直接吹吹腿是不会有什么问题的,结果还是吹出了一个毛病,腿疼了一个冬天,严重时候疼到不能走路,但愿今年冬天不要再疼了。事关身体健康的事情,无论何时都不可以掉以轻心,都不可以抱有侥幸心理,都不可以以为自己身体强壮能顶得住。常言说得好,三十年前人寻病,三十年后病寻人。

要注意饮食。虽然时下人们特别注重营养的合理和搭配,但是我还是相信粗茶淡饭足以养生,我更相信粗茶淡饭也最能养生。粗茶淡饭足以养生,大鱼大肉损身耗命;三分饥饿活个长寿,酒足饭饱不到白头。这个可能我们的看法不太一致。一致也罢,不一致也罢,一切顺其自然吧,喜欢吃什么就吃什么,吃什么舒服就吃什么,喜欢吃的和吃了舒服的应该就是身体短缺的或者说是需要摄入的。喜欢吃的东西尤其要注意适可而止。不喜欢的死不吃,喜欢的吃个死,这是一种很伤身体的饮食习惯。无论什么饭,吃到七分饱最有益于健康,八分饱也无妨大碍,如果吃到九分饱十分饱甚至超过十分饱,就会吃出来疾病,至于身体那个部位产生病变就不好估计了,哪个部位都有可能因吃而致病。我有一个同学,大概是2000年,他三十来岁的时候,喜欢上了喝咖啡,每天喝好多次,每次都是那么浓,结果喝了两三个月就得了胃炎,住院了。两三个月吃出来的病,养了三四年才恢复了健康。无论粗茶淡饭,还是山珍海味,无论时令蔬菜,还是鸡鸭鱼肉,都要按时吃,按量吃,常温吃,最摧残身体的饮食习惯就是迟一顿早一顿、饥一顿饱一顿、冷一顿热一顿,就是没有规律。

要把安全放在第一位。任何有损身体健康的事情,都要远离。远离垃圾食品,远离危险交通,远离打架斗殴,远离口角之争,远离污浊空气,远离有毒服装,远离危房危墙,做事情手脚伸到哪里眼睛就要看哪里,出行要专心看路避免误入陷阱,做任何事情都要严格执行操作规范。朗道,苏联科学院院士,人类最后一个全能物理学家,是著名的神童,1962年获得了诺贝尔物理学奖,1962年1月7日因车祸成了植物人,时年52岁。1996年2月警卫员张金龙到李沛瑶室内偷窃东西,被李沛瑶发现。张金龙不堪忍受李沛瑶的斥责,担心李沛瑶对他进行进一步的惩罚,就拿一把菜刀把李沛瑶残忍砍死了。李沛瑶生前是全国人大副委员长、民革中央主席,终年63岁。惨痛的教训怎么能不记取?健康向来最重要,生命向来最珍贵,安全向来大于天,自保向来有良方。

健康无价。健康的时候不感到它的重要,失去的时候才能明白其中的道理。自己或者最亲最近的人生过大病,住过医院,才懂得人的生命不如一棵小草,一点都不够坚强,躺在病床上衣食住行甚至说话都受到了限制和约束,才知道健康有多么珍贵。在医院里,各种各样的检查,反反复复的诊断,吃药打针输液,哪一样都是很昂贵的。生病前挣的那些钱,不够治病时候的花销,上半辈子透支完健康都不够挣钱,后半辈子使用完钱都不够看病。好多家庭因生病致贫,好多家庭因看病致贫。一个人生病一个家庭受累,全家人贫穷。更加让我们不能接受和痛苦的是,无论花多少钱,医院也不是万能的,有的病它治不了,病人的钱花光了,命也没能救下。

特鲁多年轻时候就患了当时不可治愈的肺结核病,他建立了美国第一个结核病研究所,第一次分离出了结核杆菌,创办了第一所结核病大学,是美国最伟大的医生之一。根据特鲁多的安排,他的墓碑上刻上了他一辈子行医的座右铭:有时是治愈,常常是安慰,总是去帮助。医生不是神仙,医学不能治愈所有的疾病,医生在很多情况下只能对病人提供安慰和帮助,医学在很多时候仅仅是关怀的学问。金钱、名誉和地位,在健康和生命面前,就一文不值。一个人的本领再高强,金钱再富有,名誉再崇高,地位再显赫,没有了健康的身体,就只能一切归零了。零乘以任何数都等于零,身体不健康就是乘数零,其他乘数数值再大,也改变不了它归零的命运。

当今时代,环境污染严重,生活节奏很快,人们过着快节奏的生活,首先越来越没有时间去照料自己的身体,其次环境对身体的负面影响越来越大,最后工作对身体的要求越来越高。不少重要人才英年早逝,这不得不引起我们的警醒。

孙德棣,网易首席执行官,2005年9月因胆囊癌病逝,享年38岁。

何勇,运筹学界精英,2006年8月因肝癌病逝,享年36岁。

萧亮中,中国社会科学院中国边疆史地研究中心学者,2005年1月因心肌梗死病逝,享年32岁。

焦连伟，清华大学电机与应用电子技术系讲师，著名学者，2005年1月因心肌梗死病逝，享年36岁。

高文焕，清华大学工程物理系教授，2005年1月因肺癌病逝，享年46岁。

孩子，无论如何，你都要把身体和健康放在第一重要的位置上来考虑。堂上的父母双亲，家中的妻子儿女，病房的待治病人，都渴望着你的健康。钱财乃身外之物，不要因惜财而伤及身体。蛮干是愚蠢办法，要巧干以调养身体。熬夜是杀伤力极大的不良习惯，要早睡早起，顺应自然，将息身体。烟酒是不良嗜好，要坚持拒绝，以免毒害了身体。

孩子，每个人的身体健康，都是从平时点点滴滴的注意和调理中得来的，一定要注意。

祝你身体健康，事事顺心。

父亲

2019年10月11日

第❻封信
处世戒多言,言多必失

亲爱的孩子:

苏格拉底的一个学生匆匆忙忙地跑来找苏格拉底,喘着粗气兴奋地说:"告诉你一件事,你绝对想象不到的……""等一下!"苏格拉底毫不留情地制止他,"你告诉我的话,用'三个筛子'过滤过了吗?"他的学生察觉情况不妙,不解地摇了摇头。苏格拉底继续说:"当你要告诉别人一件事时,至少应该用'三个筛子'过滤一遍!第一个'筛子'叫作真实,你要告诉我的事是真实的吗?""我是从街上听来的,大家都这么说,我也不知道是不是真的。""那就应该用第二个筛子去检查,如果不是真的,至少也应该是善意的,你要告诉我的事是善意的吗?""不,正好相反。"他的学生羞愧地低下头来。苏格拉底不厌其烦地继续说:"那么我们再用第三个'筛子'检查看看,你这么着急要告诉我的事,是重要的吗?""并不是很重要……"苏格拉底打断他的话:"既然这个消息并不重要,又不是出自善意,更不知道它是真是假,你又何必说呢?说了也只会造成我们的困扰罢了。"

水深流去慢,贵人语话迟,这是中国的格言。说话前请让舌头在嘴里多打几个转,这是西方的警句。它们说的都是一个道理,话要尽量少说,话要想好了再说,话要在适当的时候说。该说的时候才能说,还应该是说到即止,不必多说。不该说的时候,一句话都不要说。谁都不会把没有说话的人当哑巴对待。

苏格拉底要求他的学生说话前先用真实、善意和重要这"三个筛子"严格过滤一下,经不住任何一个'筛子'过滤的话都不能说、不该说,因而压根儿就一句也不要说。

处世戒多言,言多必失。

一事当前,三戒其口。"让子弹飞一会儿",让事情充分展示一下,给自己点观察的时间。世界上的事情,刚刚发生时,谁也看不透,需要经过一段时间,让它成长出来一个眉目,对于这件事情的好与坏,人们才会逐渐有正确的判断。什么判断正确,什么判断错误?这和人们的立场有关,和人们的利益有关,不仅仅和人们的知识有关,不仅仅和事情本身的是非曲直有关。曾国藩总结自己的人生经验教训得出了一个结论,说话多后患无穷,每个人都要为自己说过的每一句话负责。他认为说话多是人生的一大恶德,他一辈子坚持修炼少说话甚至不说话的功夫,他经常在日记中对说错话进行深刻尖锐的自我批评,并反复告诫子女兄弟要引以为戒。一个人说的话是对还是错,不是自己说了算,评价的权力永远都是掌握在听的那一方手中,如果听的那一方不止一人,那就一定是掌握在强者手中。

无关紧要,何必多言。独处慎行,群处慎言。眼睛是心灵的窗户,语言是思维的外壳。好多话,看似无关紧要,却能表明自己的心迹。说什么话就代表想什么事,就代表有什么看法,就代表持什么态度。好多事情,与自己没有一点关系,或者自己说话不起一点作用,这种情况下自己的话没有任何价值。没有价值的话,何必说?说出来除了不起好的作用之外,反而可能起副作用,招到别人的讨厌,引来利益相关者的打击,徒增烦恼,徒受伤害。

事关紧要,言有何用?还有一些事情,和自己密切相关,或者自己的态度对事情的发展具有重要影响,这种情况下,是不需要说话的,该做的事情直接做就可以了。语言总是苍白无力的,采取一个有用的实际行动,胜过千万句的弹舌如簧。有作用的话不需要说,说出来就会引起反对者的注意,提醒反对者准备对策,招来不必要的阻力,阻碍事情的进展,推迟甚至扼杀利益的实现。

就其效果而言,说了不如不说的话,何必说?

蛤蟆青蛙不分昼夜叫个不停,唇干舌燥却没有人听。雄鸡鸣叫黎明一声,普天之下都被唤醒。话只有在该说的时候说出来才有用,才有人听。

他人讲话,只需倾听。善于倾听是情商高的表现,善于倾听可以得到尊重和信任。倾听是安静地听,专心致志地听,要集中注意力。倾听要有耐心,要么不开始,要么听到底,不要中间离开。倾听是听,不是说,不要打断对方讲话,不要表达自己的观点。倾听要有真诚的态度,认真理解讲话的内容和精神。倾听过程中可以进行适当的表情应答,比如点头、微笑。比较正规的场合,倾听要做好笔记。

百言百当,不如一默。病从口入,祸从口出。日出千言,不死则伤。有一天狮子问羊自己是否很臭,羊很实在,它说狮子确实是臭的,"羊敢诋毁狮子",羊被狮子愤怒地吃掉了。狮子又问狼,狼很恐惧,就说狮子一点也不臭,甚至是香的,"狼敢欺瞒狮子",狮子把狼咬成了碎块。狮子最后问到了狐狸,狐狸说自己患了重感冒,鼻子不通气,狐狸活了下来。说真话遭殃,说假话也遭殃,说批评的话遭殃,说奉承的话还是遭殃,什么也不说却保住了性命。说话多不是什么好事,口才好也算不得什么光荣。嘴尖舌快,磨牙斗嘴,与人争辩,既无聊又有害。说者无心听者有意,或者伤害了听者的尊严,或者妨害了人家的利益,不知不觉中就树立了对立面。语言给人造成的伤害是心灵深处的伤害,很难愈合,要比用刀枪给人造成的体肤伤害痛苦得多。因说话多而树立起来的对立面,其内心深处的不满和愤恨又强烈又持久,是工作和生活中的巨大危害甚至危险。明明已经是敌对方面了,时时事事处处都在暗中为你下绊子出难题,你还浑然不知。千万不要忘记"言语不出口,耻辱不加身"的古训。

巧言令色,鲜有仁善。孔子说:"巧言令色鲜矣仁。"老子说:"善者不辩,辩者不善。"在中国人的思想意识中,说话多就是不老实、靠不住、不善良的代名词。其实不止中国人,世界各国的文化都是这样的,即使在鼓励张扬个性的欧美文化中,也是认同"巧言令色鲜矣仁"的。本杰明·富兰克林说:"如果你老是争辩、反驳,也许偶尔能获胜。但那是空洞的胜利,因为你永远得不到对方的好感。"花言巧语,滔滔不绝,遭人讨厌。敦厚诚恳,踏实肯干,受人敬重。巧舌如簧,能言善辩,可能会一时得到人们的称赞,但不会长久,短暂的称赞过后,就是内心深处的不信任和防范。

桃李不言,下自成蹊。汉代的飞将军李广,笨嘴笨舌,不善言辞,胆小怕事,为人厚道,但大家都信任他,敬重他。他逝世的时候,认识的人、不认识的人,争相为他送葬,痛哭流涕,不甚悲痛。只做事,不说话。事情做得漂亮,大家自然佩服,用不着说。不说可以的,就不要说,头脑清楚就行;不说不行的,尽量少说,心里明白就行。

武则天说:"言出于己,不可止于人,行发于迩,不可止于远。终身为善,一言败之,可不慎乎!"《菜根谭》中说"十语九中,未必称奇,一语不中,则愆尤并集。"话一旦说出自己的嘴巴,怎么理解那就是自己控制不了的事情了。对于成就事情来说,说对一百句话也起不了多大作用,但是对于败坏事情来说,说错一句话就足够了。古今中外好多人的人生失败,就是失败在大舌头上的。

孩子,从前有一个庙,香火旺盛,修炼的和尚大大小小有二十多个。一个长相可爱的小和尚原本是被大和尚们捡来的弃婴,在庙里长大,十几岁了。有一天,他边说边笑满不在乎地问住持:"师父,我在念经的时候想抽烟,可以不可以?"住持不屑一顾,心平气和地说:"抽烟违反戒律,出家人要坚守寺庙里的规矩。"过了几天,小和尚用非常虔诚的态度和非常中肯的语气问:"师父,我抽烟的时候也想念经,这个可以吗?"住持笑逐颜开,十分高兴地抚摸着小和尚的头说:"所有的上进心都会得到我佛的鼓励和支持,你当然可以在抽烟的时候念经啦!修行就应该这样,颠沛必于是,造次必于是,你一定要坚持。"同样的一件事,都是申请领导允许自己边抽烟边念经,用不一样的态度、不一样的语气和不一样的表达,得到的结果就是这样天壤之别,前者是心魔在心,后者是心中有佛。

负能量的话不能说。嘴上说什么话,人就往什么方向发展。《中国少年报》副总编卢勤,幼时有两个爱好,一个是画画,另一个是跳舞。她画公鸡,妈妈说你画的公鸡和我养的公鸡一样美丽,她画别的,老师说你的想象力太丰富了,画出了灵性,于是她越来越喜欢画画,画得越来越好,一路画到了《中国少年报》。而她的跳舞,因为一次舞蹈节目选拔落选,此后她对舞蹈再也提不起任何兴趣。卢勤爱好画画,成功于画画,很重要的原因是得益于周围人对她的肯定。而卢勤爱好跳舞,又厌倦于跳舞,恐惧于跳舞,再也不愿意提起"跳舞"两个字,起决定作用的原因,就是没有得到肯定。表扬如春风,可以吹绿山川大地,可以吹开万紫千红,可以吹就成功人生。表扬的话就是正能量的话,一定要经常说给自己听。自己肯定自己,自己相信自己,自己鼓励自己,是人生奋斗不竭的动力。鲁迅先生说,地上本没有路,走的人多了就成了路。其实人生也是一样,人本来没有什么方向,说的次数多了就成了自己的前途。言为心声,心里不想的事,嘴上就不会说出来。很难想象,嘴上天天悲观消极的人会积极进取。譬如下雪天走路,从第二个人开始,大家都是踩着前面人的脚印前进的。脚有大小,腿有长短,事有缓急,踩脚印肯定不会那么准确的,你误差一点,他误差一点,脚印踩着踩着,就不是脚印了,就成了路。说话更是这样,就算开始的时候你计划是说给别人听的,自己并没有想去实行,说着说着,你就实行了一点点,好多个一点点加起来,就是你的前途。话不能乱说,不能指望仅仅说给别人听,只想说给别人的话,别人未必当真,最后当真了的是自己。以前坐长途大巴,注意到这样一句宣传标语:"道工心在路上,路在道工心上。"操什么心开什么窍,种瓜得瓜种豆得豆,心操到路上,路就养护得好;心操在光明事业上,事业就光明;心操在悲观消极上,就永远不会成功。所有征服了别人的道理,首先征服的是自己。好多没有征服了别人的话,却早就征服了自己。所以,可以不说话,万万不可以说悲观消极的话和一切负能量的话。负能量的话,想都不用想,肯定是不对的。别人讥笑爱迪生失败了N多次,可失败是成功之母,继续奋斗是成功之父,这就是正能量的语言正能量的想法,正是这样正能量的话,才让爱迪生成了发明大王。不说话不是哑巴,说了可能就是傻瓜。

　　把今天想说的话,放到明天去说,也许你会发现,原来好多话根本就不需要说。说话别着急,说话切忌多,必须说的话,一定要想好了再说。

　　腹书气自华,非为婆娘嘴。嘴巴常唠叨,内心必空虚。手中无正业,脚下路漫迷。若作喋喋郎,幸福何处寄?

　　"信言不美,美言不信。"少说话多办事,祝你顺风顺水,事事成功。

父亲
2019年10月20日

第07封信
不生气,不迁怒

亲爱的孩子:

　　传说春秋时期有个性格十分暴烈的人叫王述,他是蓝田侯。为了改正容易生气这个缺点,他加强了自我控制,别人和他生气时,他就转移自己的注意力,避免听到对方的咒骂,以防自己生气。加强自控后的王述一般情况下是不会被别人激怒的。有一次,谢无奕这个人非常生气,噼里啪啦就骂上门来了,当着王述的部下大吵大闹,骂的那些话都很难听,是一般人不能接受的。王述为了控制自己的情绪,面壁而立,默不作声。谢无奕骂够了,已经离去好长时间,部下提示他转过身来,他问部下:"谢无奕走了没有?"部下如实告诉他:"走了好长时间了。"于是他坐回桌子旁边继续办公。

　　无论在什么情况下,人都应该控制好自己的情绪,想方设法避免生气。

　　不生气,不迁怒。

　　生气不如争气,发火不如发奋。人在社会中生活,社会生活的内容极其丰富多彩,人和人之间的矛盾和冲突也就极其复杂多变。矛盾和冲突太多了,可以生的气也太多了,计较起来,就有生不完的气。人有七情六欲,自己的愿望实现不了,自己的尊严受到了冒犯,自己的利益受到了影响,自己的付出得不到应有的回报,自己的努力得不到公正的评价,自己受了各种各样的委屈和不公平待遇,哪样不能作为生气的理由?而且好多可以是生大气的理由。凡此种种,你要生起气来,生活就是一片黑暗,人生就是一场痛苦。如果我们用宽阔的心胸去理解和应对,各种各样的气自然就消失了。如果我们用争气和奋斗来化解和取代生气,一定能够收获一个意想不到的幸福人生。

生气不是好事情,生气是魔鬼,生气对于事情的补救没有任何好处。人在生气的时候智商是最低的,气愤完全占领了头脑,成了头脑中唯一的主宰,头脑中根本没有理智的容身之处,理智也就彻底地退出了头脑,这个时候的人除了生气、激动和冲动,是一点冷静都没有的,已经完全丧失了分析事物的能力,不能做出任何正确的判断,采取的多是偏激的有害的行为,生气只能使事情越来越糟糕。谩骂、打架、毁坏财物、胡乱花钱、自残身体,等等这些极端行为,都是在生气的情况下发生的。生气到底会产生什么样的后果,正在生气的人是根本不去考虑的,也是根本不害怕的,几乎所有的惨案都是在生气的时候酿成的。生气过后恢复冷静,追悔莫及,捶胸顿足,已经于事无补了,该承担的责任必须承担,该受到的惩罚必须接受。

生气影响身体健康。心情对人体的生理活动有调节和控制作用,愉快的心情,平和的心态,能增进人体的健康。生气对身体的伤害很大,气愤的心情,偏激的情绪,会诱发好多种疾病,引起胃痛、头痛等疾病算是轻微的伤害,还可以治疗和恢复;如果引起心脏病、脑血管疾病,引起猝死,就成了无可挽回的损失。诸葛亮设法让周瑜反复生气,周瑜最终吐血而死。宋江放掉高俅以后林冲生气而命丧黄泉。这些惨痛的教训我们必须记取。生气是拿别人所犯的错误来惩处自己,不值得。根本没有必要回头去看咒骂你的人是哪一位。

所有的生气都是不值得的。与其生气,不如冷静对待,冷静分析事情产生的原因,反醒是不是自己也有过错。冷静寻找解决问题的办法,思考自己应该采取什么样的措施,努力把损失挽救回来,至少把损失控制在最小的程度和范围之内。

即使实在控制不住内心的愤怒,管不住自己的情绪,一定要生气,也应该明白冤有头债有主,生气也总该搞清对象。谁是我们的朋友,谁是我们的敌人,是谁给我们造成了伤害,应该分辨清楚。必须生气就去和那些给我们造成伤害的人生气，和那些不利因素生气，和那些迟迟不露端倪的有利的主客观条件生气。生气就努力把事情办好。吴三桂冲冠一怒大脑"短路"，动机是为了圆圆，结果却害了圆圆。圆圆是闯王的人祸害的，你和闯王生气就可以了，干吗和全国人民过不去？干吗把清军放进关内来？自己做了汉奸，给国人造成了无限的苦难，仅仅一个扬州十日就屠杀了80万人，惨绝人寰，何况还有嘉定三屠，还有更多的杀戮？吴三桂自己也没有得到清廷的信任，尽管被封了王，却时时处处被怀疑遭提防，最终落得个身首异处的下场。

聪明的人是不生气的，比较聪明的人即使生气了，也能限制在一定的范围之内。从时间上说，他会把生气限制在很短的时间之内，上午生气不会拖到中午，下午生气不会拖到晚上，晚上生气不会拖到睡觉。从空间上说，他会让生气哪里生哪里了，不会让生气转换地点，在单位生气不会带回家里，在室内生气不会转移到庭院，在办公室生气不会延伸到宿舍。从生气对象说，和谁生气就是和谁生气，不找别人作为发泄的对象，和同事生气不会找下属发泄，和妻子生气不会向孩子发泄，和人生气不会摔东西发泄。从生气的内容上来说，生什么气就说什么话，绝不会陈芝麻烂秕谷东拉西扯，生的是工作的气绝不提感情的事，生的是今天的气绝不提过往的事，生的是做饭的气绝不提扫地的事。

要想幸福快乐，就必须努力控制好自己的情绪，就必须学会不生气。那么，怎样才能做到不生气呢？当你在想生气的时候，不妨试试以下几个方法。

1. 离开惹你生气的人和生气的地方。世界这么大，处处有风景。不高兴了，生气了，要果断地快速离开惹你生气的那个人，找个能让自己心平气和的场所，到音乐厅听听音乐，到电影院看场电影，到图书馆读一本感兴趣的书，到运动场打一场篮球。离开生气源，本身就愉快，再参加一些其他活动，就是真正的放松。做了这些以后还因为原来的那些不愉快生气，就不可能了。

2. 想想生活中那些幸福的高兴的事，想想有没有比生气更重要的事。这么多幸福的事，你是去尽情享受自己的快乐生活，还是在这里和人家生气而煎熬自己？那么多重要的事都还没有完成，你是去做你的大事，还是在这里和人家生气消磨自己的身体和时间？佛经里讲述的一个故事对我们很有价值。很早很早以前，西藏有一个年轻的小伙子名字叫爱地巴，每当他生气的时候就跑回自己家里，绕着自己家的房子和土地跑三圈，一直跑到气喘吁吁精疲力竭。爱地巴很勤快也很智慧，他置办的家产越来越多，房子也多了，土地也多了。一直到老，他都坚持一生气就去跑步，每次跑完都是汗流浃背，气喘吁吁，上气不接下气，精疲力竭。孙子不解其中奥妙，好奇地问他："爷爷啊，为什么你一生气就要绕着房子和土地跑步呢？"爱地巴笑呵呵地告诉孙子："跑步能思考问题。年轻时候跑步思考家里房子太小、土地太少，有没有时间和精力去跟别人生气呢？后来跑步思考家里房子这么大、土地这么多，应该知足了，该不该和别人计较呢？一想这些问题，所有的气，无论原来有多大，就都完全化解了。"把生气的时间用来努力工作，多长智慧，让自己不断强大，这才是正事才是大事，和别人生气是没有意义的事，是荒唐的事。

3. 见见亲密的朋友。人人都有朋友，无论数量多少，总有几个属于最好的亲密朋友，他们各有优点各有长处。生气的时候，想不通的时候，就和几个朋友到一起聊聊天，说说自己遇到的事情和自己的不高兴。谈谈国内国际新近发生的事情，交流一下大家感兴趣的事情。探讨一下人生，交流一下信息。聊着聊着，说不定哪句话哪件事哪个玩笑，就照亮了自己的心灵，就驱散了心中的阴霾，生气的冲动和欲望就烟消云散了。

4. 看看美丽的风景。生气的时候可以去爬爬山，逛逛公园，看看雕塑，赏赏流水潺潺，听听鸟语，嗅嗅花香。奇松，怪柏，小草，红花，绿叶，飞禽，走兽，奇石，蓝天，白云，甚至刮风，下雨，徜徉在美丽的景色中，那一定很陶醉。把注意力转移到美景上来，什么不愉快，什么生气，统统都抛到九霄云外去了。美丽的风景引发了内心的快乐，这样的快乐足以置换那种不愉快的生气。

5. 想想生气的后果。生气最简单，不要说人，狗都会生气。生气以后，朋友还是不是朋友？同事还是不是同事？下属还是不是下属？领导还是不是领导？亲戚还是不是亲戚？十之八九还是。气生了,别别扭扭,还得在一起工作、共事。所不同的是,感情上产生了许多不愉快,配合上产生了许多不默契,工作上产生了许多小阻力,学习上失去了一个好同伴,生活上失去了一个好帮手,娱乐上失去了一个好搭档。少一个朋友少一条路,多一个敌人多一堵墙。生气以后会造成好多不良后果,在今后的工作学习生活中一有机会就会产生负面作用。成事不足可以不用担心,败事有余却不能不去重视。这样的后果你将怎么去面对,怎么去克服,怎么去消除？这是一个必须面对的事情。

6. 好好美餐一顿。吃是世界上最美好的事情之一,所以人们常说天下纷纷唯有美食不可辜负。生气的时候,不妨大吃一顿人间美食。想吃什么就吃什么,爱吃什么就吃什么,品尝着美味佳肴,享受着撩动人心的色香味,内心世界里恐怕除了快乐就是幸福,什么生气,什么不愉快,统统逃遁到了另一个世界。假如吃到了莲藕、金橘、山楂、白萝卜等,还有健脾、养心、安神的妙用,更是生产愉快的材料、消灭生气的药品。

7. 想想对方有没有值得记取的好处。那些一面之交的路人,即使发生摩擦,这一辈子在地球上就遇见他一次,基本上是没有下一次的,稍微有点素养的人都不会在意他。人们往往觉得应该生气的人,都是长期相处的人。相处几年、十几年甚至几十年了,和睦的时候总是那么长久,生气的时候总是那么短暂。生气时间在整个相处时间中,可能连千分之一都不到。在999‰的时间里,对方给了你多少陪伴,多少鼓励,多少支持,多少关心,多少帮助,多少快乐,怎么就能一笔勾销统统忘记？1‰的时间里的那点不愉快怎么就那么强烈？人家对你好,你感激过多少？对方对你有一点点不合适,你怎么想生气就要生气？遇到不高兴不愉快的事情,应该多想想对方的好,有了感恩的心,生气问题就解决了。

8. 想想有没有比生气更好的办法可以用来解决问题。生气是最愚蠢的办法,是无计可施的黔驴技穷。生气不仅解决不了问题,还会使事情越来越糟糕。解决问题的好办法不是只有一个,但是最坏的办法却只有一个,就是生气。问题发生的原因在别人,就去和别人沟通;原因在自己,自己就勇敢地改进;原因在条件,就努力创造有利条件,努力克服不利条件;原因在时机不够成熟,就需要有等待的耐心;原因在地点不够恰当,就迁移到合适的地点。

孩子,头等人有本事没脾气,二等人有本事有脾气,末等人没本事脾气大。保持一个平和的心态很重要,心态平和,待人友好,关系和睦,世界就美好,工作就愉快,生活就幸福。愉快和幸福是人生的天空中无与伦比的美景。请不要和任何人任何事生气,遇到了可笑的人和可笑的事,就一笑了之吧。

你要记住,宁心静气,万事顺变。大肚能容所有事,开口敢笑一切人。外界变幻无常态,自身不失平和心。

祝你每天都能在工作和生活中微笑,祝你每天都能在微笑中工作和生活。

父亲
2019年10月23日

第⑧封信
不犯关键性错误，
不两次犯同一个错误

亲爱的孩子：

这个世界上是没有人不犯错误的，绝对是所有人都有过犯错误的经历。人，只要说话就有可能说错，只要想问题就有可能想错，只要做事情就有可能做错。一辈子从来没有说错过话的人有没有？有！他的名字叫哑巴。一辈子从来没有做错过事情的人有没有？没有，除非他什么也不做。不吃一堑，不长一智，错误是个人发展的垫脚石，每个人都是在犯错误和改正错误的过程中不断发展和不断进步的。

人非圣贤，孰能无过。犯错误并不可怕，但不是犯所有的错误都不可怕。知错能改，善莫大焉。不是所有的错误都有改正的机会，关键性的错误是根本没有机会去改正的。这个社会，说宽松它是很宽松的，绝大多数错误它会给人们改正机会。这个社会，说苛刻它也是很苛刻的，重大的错误只要犯一次，它的态度就是坚决地彻底地否定，可能让犯错误者永世不得翻身。即使是一般性的错误，如果犯来犯去，虽然不至于影响人生画卷的美好，至少要影响到这幅画卷的精妙。

做人做事，本来就应该战战兢兢，如临深渊，如履薄冰。错误这个东西，少犯为佳，不犯最好。

不犯关键性错误，不两次犯同一个错误。

关键性的错误，一辈子只要犯一次，就足以把自己置于万劫不复的境地。

那么，哪些错误是不能犯的关键性错误呢？

安全不能犯错误。安全就是生命,安全高于一切。当代社会,生活节奏加快,事情总是太多,时间总是不够用。一切都是来也匆匆,去也匆匆,休息也匆匆,劳作也匆匆。越是匆匆,越要绷紧安全这根弦,越要把安全放在第一位。水火无情,燃气无情,奔驰的交通无情。不小心的人,喝一口开水嘴上都要烫个泡,下一次楼梯都要崴了脚,抽一支烟衣服都要烧个洞。汽车,摩托,所有的机动车都是铁老虎,我们开车出行要格外小心,我们行走在道路上还需要格外小心别人开车。拿自己的生命去犯错误,谁都不值得。

忠诚不能犯错误。忠诚是道德品质中最核心的部分,忠诚是做人的基本要求。不忠诚就是不老实,就是表里不一,就是阳奉阴违,就是欺上瞒下,就是搞两面派做两面人。忠诚于国家,忠诚于党,忠诚于人民,听起来是大道理,实际上一点都不空洞,都应该是点点滴滴的行动。忠诚于国家,国家是由一个个单位和一个个地方组成的,爱自己的家乡,高质量地完成单位分配的工作任务,这就是忠诚于国家。同党中央保持一致,积极响应党的号召,党让干啥就干啥,就是忠诚于党。善待你的每一位病人,好好给他们看病,减轻他们的痛苦,让他们早日恢复健康,就是忠诚于人民。听从领导指挥,服从领导安排,完成领导交代的工作,主动为领导分担忧愁,积极为领导建言献策,就是忠诚于国家、忠诚于党、忠诚于人民。不忠诚的人没有信誉,不忠诚的人不值得信任,不忠诚的人不配委以重任,不忠诚的人前途一片漆黑,不忠诚的人甚至还会掉了脑袋。拿自己的信誉和前途去犯错误,谁都犯不起。

善良不能犯错误。上善若水,水利万物。刘备在给儿子刘禅的遗诏中肯切叮嘱:"勿以善小而不为,勿以恶小而为之。"善良不仅仅是做个好皇帝的要求,做好任何一个职业,都需要善良,包括做好一个医生。说到底,善良压根儿就是做人的底线要求。明知是善而不为,明知是恶而为之,都是为人不善的表现,都属于在善良上犯的错误。

人不能不善良,善良不能没理智。子贡和子路都是孔门十哲。《吕氏春秋》中记载了子贡赎人和子路拯溺两个故事。凡是鲁国人在别的国家做了奴隶,所有鲁国人都可以先垫钱赎回,然后到官府报销赎金。子贡赎回一个奴隶却没有到官府去报销。大家都赞美子贡,孔子却批评他的这种行为。不报销是好,报销了就是坏,子贡之后,很少有人再解救奴隶了。子路救起了一个溺水的农民,农民为了感谢救命之恩送给子路一头牛。战国时代的一头牛应该相当于现在中小城市的一套50平方米的住宅,子路欣然接受了。大家都批评子路,都说虽然救人是善举,收牛就显得人品真差了。孔子对子路却大加赞扬,赞扬他救人收牛可以引导更多的人去救人。子贡赎人显示了自己的富有,提高了社会为善的成本。子路拯溺降低了自己的姿态,提高了社会为善的回报。一个阻止了人们行善,一个鼓励了人们行善。真正的善良一定是理智的善良,不是情绪化的,更不是利己的,要考虑长远效应,要考虑社会的模仿。

2006年11月,南京市的徐寿兰老太太在公交站点候车时被人撞倒,摔成骨折8级伤残,彭宇刚从后门下车就和另一个刚下车的中年男人主动将她扶起并帮忙送到医院救治,她对彭宇非常感谢,不停地说谢谢。事后徐老太及其家人将彭宇当作撞人者告上法庭索赔13万多元。2007年,法院以为双方均无过错,彭宇应该给徐寿兰补偿45876元,法官的逻辑是"不是你撞的你为什么要扶"。二审前夕双方和解,彭宇一次性补偿了徐寿兰10000元。彭宇案成了中国道德滑坡的起点,法官的逻辑使中国人再也不敢贸然行善。沉重的代价让人对行善望而却步。有人说,彭宇案和法官的逻辑让中国人的道德水平退步了50年。

"通往地狱的道路通常是由善意铺就的"。诺贝尔经济学奖得主哈耶克给我们讲述了一个非常浅显却被好多人忽视的道理:善良一旦放弃了必要的戒备,就等于自取灭亡。2016年留学日本的江歌,为了保护闺蜜刘鑫,出于善良让她搬到自己家中居住。在一次接刘鑫回家的时候,她让刘鑫首先进屋,她自己留在门外与刘鑫前男友理论而惨遭杀害。江歌遭到毒手时呼叫刘鑫开门让自己进去躲避而被拒绝。刘鑫当时满可以开门让江歌进屋而得救,却见死不救,江歌死后她为了撇清自己又多次中伤江歌母亲。江歌善良、热情、大方、乐于助人,这都没有错,她错就错在亲近了不该亲近的人,还亲近得那么没有距离,那么没有防范。表面花言巧语,内心恶毒冷漠的人,谁亲近谁遭殃。江歌的善良是轻信的善良,是愚蠢的善良,是取消了距离的善良。

谁是不该亲近的人?谁是表面花言巧语内心冷漠无情的人?越是善良越是纯真的人越是分不清。在豺狼吃人的爪牙暴露出来之前,谁都认不清楚豺狼恶毒的嘴脸。在这个事情上只有事后诸葛亮,没有事前活神仙。复杂的社会让人不容易分清什么是对什么是错,什么是好什么是坏,什么是应该什么是不应该。我们没有孙悟空那样认识妖精的火眼金睛,但我们完全可以践行一句古训,留点"不可无"的防人之心,我们完全可以有点防范的心,无论与谁相处,都不要亲密到失去自我,都要保持一定的距离,绝对不能让对方闯进自己的个人空间,无论性别,无论年龄,也无论职务。

同一个错误,最多只能犯一次。有一句话说"聪明人不会两次犯同一个错误"。孔子给了颜回很多很多的赞扬,其中有一个就是赞扬颜回"不二过"。颜回就是个聪明人,他爱动脑筋,善于反思,每做一件事情都能从中总结出经验来,都能吸取教训:办错了的事情,牢记心间,永不再犯;做对了的事情,严肃对待,今后能办得更好。如果做什么事情都像小和尚念经一样不动脑筋,不加思考,不总结经验教训,不思改进,经一事不能长一智,人就永远也不会有长进。如果一个人的人生成了错误叠加的总和,这样的人生就是阴霾笼罩下的悲惨世界。

美国经营心理学家欧廉·尤里斯教授提出了不生气三法则:"首先降低声音,继而放慢语速,最后胸部向前挺直。"尽量减少犯错误的方法,避免犯关键性错误的方法,第一是不要着急,第二是动脑子,第三是不要失去自我。用我的脑子说我的话,用我的脑子走我的路,用我的脑子办我的事,慢半拍慢一拍甚至慢两三拍都可以。冷静地思考,沉着地做事,有板有眼有节奏。

孩子,遇事一定要冷静,三思而后行。

祝你少犯错误,最好不犯错误。

父亲
2019 年 10 月 25 日

第⑨封信
行善一旦被当作手段，
就成了作恶

亲爱的孩子：

　　今天看了关于齐桓公及其三宠的故事，引起了一些人生思考，最大的启示就是，违背世间常理和人之常情的事情，要冷眼对待，有违常理常情的人，要趁早远离。现在分享给你。

　　卫国公子开方、贵族子弟竖刁和宫廷大厨易牙，是春秋五霸之一的齐桓公的三个宠臣，都有千秋流传的"感动齐桓公"的事迹。齐卫交战卫国失败，开方被派到齐国求和，他发现齐国繁荣，便留在了齐国服侍齐桓公，15年不回家探访父母，父母去世也不奔丧。齐桓公很受感动："公子开方爱我胜过爱亲爹。"竖刁原本是一个贵族子弟，小时候被送进王宫服侍齐桓公，成年后被父母接回家，本该娶妻生子谋生的，凭他的家庭出身和侍奉国王的经历谋个一官半职也是小意思，但他留恋王宫里的奢靡生活，为了能再次回到王宫，竟然自己拿把剪刀把自己阉割了。齐桓公好感动："竖刁爱我胜过爱自己。"易牙不满足在王宫当厨子，他想要做大官。一次，齐桓公对易牙开玩笑说："朕尝遍了天下的山珍海味，但唯独没有吃过小孩子的肉。"他回家后就把3岁的儿子杀死并熬成了汤羹。齐桓公更是感动得没的说："易牙爱我胜过爱骨肉。"

　　生我者父母，我生者子女，都是父母子女关系，最亲最近最疼最爱，情深似海，血浓于水，一脉相承，骨肉相连，是人世间最无法割舍的感情，甚至是整个动物界的自然法则。可以抛弃父母的人，他还有谁不能抛弃？可以自残身体的人,他还会在乎谁的身体?可以杀死子女的人,他还会珍惜谁的生命?他们爱的不是齐桓公,而是齐桓公的地位、权力和奢靡的生活,这些不近人情的荒诞怪异的禽兽不如的行为,都是为了自己膨胀的私欲。他们只不过是打着忠诚于齐桓公的幌子,貌似忠诚,貌似为善。

行善一旦被当作手段,就成了作恶。

宰相管仲劝齐桓公远离这三个奸臣。齐桓公把他们三个人赶出王宫后,又苦于没有人陪他吃喝玩乐,感觉生活没了乐趣,食不甘味,夜不能寐,口无乐语,面无喜色,在管仲死后忍不住又把三宠招了回来,不仅官复原职,而且还任命竖刁为宰相。这三人不仅不思收敛,反而更加肆无忌惮,狂妄不羁,欺负齐桓公老迈多病。他们结党营私,培植亲信,排除异己,独断专行,挟齐桓公而令群臣。竖刁执政三年,就"率易牙、卫公子开方及大臣为乱",造反了。齐桓公不辨善恶,被假象蒙蔽了眼睛,最终的结局是被易牙和竖刁困在后宫,水米阻断,饥渴而死。更为悲惨的是,齐桓公死后,他们为了私欲,秘不发丧。各位公子争夺王位,导致王宫内外乱作一团,两个多月后事态平息,有人去替齐桓公收尸时,已经是皮腐肉烂,蛆虫满屋。经过了这件事情之后,齐国的霸主地位丧失,雄风不再,日趋没落。

作为社会的个体,出生于社会,成长于社会,教育于社会,工作于社会,生活于社会,思想认识和道德品质都是在长期的教化培育和耳濡目染中潜移默化地形成,基本的人伦观念和是非观念存在于每个人的心中,只有强烈程度的差异。羊有跪乳之恩,鸦有反哺之义。虎毒不食子,狼有护崽心。蝼蚁尚且贪生,万物何不惜身。但凡自绝人伦,难逃狗苟蝇营。所有违背人性的事情都是作为者心中的疤痕,所有灭绝人性的事情更是作为者心中不可治愈的创伤,迟早会转化成射向他人的毒箭,以足够的报复作为心灵的慰藉,以人性的又一次丧失作为已经丧失之人性的回归。殊不知,用一个恶去修正另一个恶,这已经不再是两恶之和,而是恶的 N 次方,这是在人性的道路上愈走愈远。

孩子,不要误以为开方、竖刁和易牙他们仅仅是春秋时代的历史人物,不是的,他们分明就生活在当今时代。自己的父母都不去赡养和孝敬,自己的子女都不去尽心尽力抚养和教育,自己的身体都不去珍惜和爱护,却关心敬老院里的老人,却关注孤儿院里的孤儿,却帮助残疾人,却热心社会慈善事业,捐款捐物,出钱出力。这样的人,如果是为了完成任务倒也罢了,如果是为了沽名钓誉,那就恶得可耻了。有的人,养猫有精力,养狗有精力,就是在父母子女上没有精力。如果能把养宠物的物力和精力之一半拿出来用在父母子女身上,也是巨大的进步,也会令人刮目相看的。

多行不义必自毙,亲近恶人必伤己。《增广贤文》中早就有这样的训诫:"狎昵恶少,久必受其累;屈志老成,急则可相依。"

孩子,人生在世,需要擦亮眼睛,需要用心去看问题。一个人,无论他的地位多高,权力多大,财产多富有,与自己的关系多亲密,只要做事有违伦常,就应该远离。

谁把行善当作手段,谁就无比恶毒。哪个善行义举被当作手段,哪个善行义举就遗患无穷。另有图谋而做善,都是奸佞之徒。做善事出于本心,才算得上贤良。"实现大东亚共存共荣、亲睦友谊、亲善合作、开放资源,建设大东亚,发展大东亚,幸福大东亚",这就是日本帝国主义侵略中国的冠冕堂皇的理由。他们对中国人民进行了大肆残杀,仅南京大屠杀就屠杀了30多万人,对中国资源进行了大肆掠夺,对中国经济进行了大肆破坏,奉行烧光杀光抢光的"三光"政策,这才是他们的真正目的。恶往往是在善的幌子遮掩下进行的。这种恶,比那种赤裸裸的恶更有迷惑性,更加可恶,更需要我们提高警惕。

美国著名记者威廉·比尔10岁就成了孤儿,是个小报童。比尔在纽约市的一个电车站卖报时,有一个无赖男人一边羞辱他,一边抢了他两张报纸。突然一辆马车停在了比尔身边,坐在车上的是一位贵夫人,贵夫人手里拿着鲜花,眼泪都快流出来了,她朝着无赖离去的方向骂道:"该死的东西。"她俯下身子安慰比尔:"孩子,我什么都看见了,我现在就去追那个无赖,你在这里等我。"大约10分钟后,马车回来了,贵夫人招呼比尔上车,然后对赶车人说:"给他讲讲你是怎样教训那个家伙的。""我揪住那个无赖的领口,"赶车人非常解气地说,"左右开弓揍他,无赖的两眼成了熊猫眼后,我又朝着太阳穴给了他一拳。无赖一直叫喊求饶,他把报纸钱乖乖地交了。"说着,赶车人把一枚硬币放在比尔的手中。"孩子,不要因为一次遇上这种无赖就把人都看坏了。世上还是像你我一样的好人多。"比尔长大后才想清楚,回忆这一经历时说:"贵夫人的马车追不上电车,她和赶车人说的都是假话,只是为了安慰一个弱小的心灵。得到这个安慰后,我才有信心继续振作向前,才没有怀恨这个世界,才没有消极颓废。"贵夫人对比尔的善良,没有任何自私自利的杂念,纯洁无瑕,这才是真正的善良。

孩子,要努力对别人善良,善有善报,积善之家必有余庆。寒冬的夜晚风急雪大,克雷斯的汽车"搁浅",前不着村后不着店,他心烦意乱,焦躁不安。这时一个风度翩翩的少年骑马而来。不讲条件,不谈价钱,马拉汽车进了小城。克雷斯重金酬谢。少年说:"我要的感谢是一个必须兑现的承诺,尽力帮助有困难的人渡过难关,无论熟人还是陌生人,无论白天还是黑夜,无论城市还是郊外,只要你遇到。"克雷斯在后来的日子里总是坚持努力兑现他的承诺,同时也要求对方做出同样的承诺。很多年以后的一个夏天,电闪雷鸣,天降大雨,山洪暴发,克雷斯被困孤岛。有位勇敢的男人冒着生命危险救了他。克雷斯感谢他的救命之恩,男人也说出了那句克雷斯曾经说过无数次的话:"我要的感谢是一个必须兑现的承诺……"救人就是救自己,帮人就是帮自己,善待他人就是善待自己。

孩子,愿你永远心明眼亮,分清善和恶,分清真善和假善,祝你的人生路顺风顺水。

父亲
2019 年 11 月 1 日

第❿封信
勤俭节约,珍惜人类的劳动成果

亲爱的孩子:

　　记得你小时候对比尔·盖茨很感兴趣,还曾经买过一本关于比尔·盖茨的传记文学,你一边认真阅读,一边给我讲关于比尔·盖茨的故事。我没有完整地看过任何一本关于比尔·盖茨的书,但是从其他材料里了解到了一些关于比尔·盖茨的片段信息。比尔·盖茨是世界级的富豪,其财富何止富可敌国,但是,他在消费方面却十分节俭。一次比尔·盖茨前往一个酒店开会,却找不到停车的泊位,朋友建议他把车停到贵宾区,然而盖茨却说:"贵宾区那可是要花12美元的,这可不行。这是在超值收费,我们不能支付这个冤枉钱。"汽车最终没有停在贵宾区。

　　任正非,是大家熟知的资产雄厚的华为老总,他的企业是世界互联网领域的领导者。2019年,他已经72岁高龄了,出差可以安排专车的,但是有人却拍到他自己拖着拉杆箱在上海虹桥机场排队等候出租车。早在2012年,就有人拍到他深夜赶飞机,自己拖着拉杆箱在摆渡车上,一只手抓着吊环,一只手扶着拉杆箱,疲惫不堪。华为老总任正非平时吃饭在员工食堂,和员工一起排队,一起吃饭,一个标准,一样的餐具,一样的饭菜。

　　日本是一个岛国,自然资源少,人口密度大。日本尽管经济发达,但支撑这个发达的资源几乎都在日本国土之外,除了人力资源。在日本,学校里普遍开设了关于节约的课程。勤俭节约在日本国民中是发自内心深处的根深蒂固的观念。

勤俭节约,不分东方西方,不分贫穷富裕,不分过去现在未来,是全人类共同崇尚的美德。

勤俭节约,珍惜人类的劳动成果。

节约不仅仅是缺不缺钱,更是对劳动的珍惜。常看到学生不珍惜粮食,白白的馒头咬了一口就扔进垃圾桶,半碗大米饭倒进了泔水缸,如果劝说他要节约,他还要振振有词地说一个馒头、半碗米饭值不了多少钱,这算不得什么浪费。我们不能只看到表面的东西,不能只看到一个物品的价格,不能只看到那不值多少钱,要看到物品和价格背后的劳动。

"锄禾日当午,汗滴禾下土。谁知盘中餐,粒粒皆辛苦。"幼儿园时候就背诵的这首古诗,告诉了我们节约的真谛。谁不懂得节约的高贵,谁就在夏日的中午到烈日炎炎下跑步1000米,试试自己跑得有多艰辛,流了多少汗水,身体有多么疲惫,就懂得农民种田的劳动有多么不容易了。如果小麦是你自己用汗水浇灌出来的,你肯定不舍得把馒头扔掉,不用说一个,一口也不舍得。我的祖父是农民,他的一生是坎坷的一生,也是传奇的一生。他务过农,经过商,做过工,当过兵,他做什么都很努力,都爱动脑筋,都很有办法,都做得很优秀,很有成就。年轻时候在乡下老家经营车马旅店,做饭是他工作的一部分。我从12岁起跟着他一起生活,我做饭和面的时候,他就常常念叨,一再叮咛,和面要做到盆光手光面光,如果我吃饭时候不小心掉了半截面条,他会反反复复地表示惋惜:"这得多少颗小麦磨的面才能做成啊。"节约是他践行了一辈子的美德,他从不舍得浪费一丁点物品,因为他明白节约的是劳动,因为他懂得劳动的艰辛。对于这一点,马克思看得更为透彻,他深知一切财富都是劳动创造的,劳动的天然尺度是时间,所以"一切节约,归根到底是时间的节约"。

当今时代还有好多人依然生活在贫困之中。2017年世界银行规定了三条贫困线,极端贫困国家每人每天消费在1.9美元以下,中低收入国家每人每天消费在3.1美元以下,中高收入国家每人每天消费在5.5美元以下,都属于贫困人口。2018年中国人均GNP(国民生产总值)接近10000美元,属于中高收入国家。按照世界银行标准计算,中国的贫困人口有2.5亿~3亿之多,全世界有贫困人口35亿左右。按照我国的贫困标准,2018年末我国有贫困人口1660万。这么庞大数量的贫困人口,可供他们消费的资料仅仅能维持基本的生存,其中可能有一部分贫困人口连基本的生存都不能保证,连温饱问题都解决不了。贫困人口的消费根本谈不上生活,体面更是遥不可及的奢想。我们理所当然地应该在衣食住行各方面节约一点,注意,这里说的仅仅是节约,不要浪费,该消费什么我们还消费什么,该消费多少我们还消费多少,这丝毫不会影响我们的生活水平和生活质量。华人首富李嘉诚不小心掉了一枚硬币弯腰要捡,旁边的保安眼疾手快抢先为他捡了起来,李嘉诚为保安支付了100港元的报酬。这100港元,是对节约的鼓励,是对劳动的鼓励,也是对保安的帮助。李嘉诚就说:"这100港元对保安来说是有用的。钱可以用掉,但不可以浪费掉。"人人都懂得人靠衣装马靠鞍。火车站旁边的快捷酒店,有的一天还不需要100元住宿费,售票厅的地面上总有那么多人过夜。高铁快捷,却总有那么多人选择了乘坐慢慢悠悠的绿皮火车。火车硬座和卧铺票价只有100元的差别,硬座位置总是坐得那么满。火车上有餐车,却有那么多人在吃泡面。出租车提供出站口到家门口的门对门服务,却有那么多人挤公交车,宁愿步行一两千米路程。医疗保险城乡全覆盖了,还有多少人因承担不起个人支付部分而耽误了疾病的治疗。大酒店里消费的人群,吃干净一个盘子,或者少洒一杯名酒,就可以抵得上一个贫困人口不止一天的伙食。我们节约点,我们节约下来的物品可以使贫困人口的生活或多或少改善一点。

节约的过程是对个人品德的修炼过程。节约劳动成果,是对劳动的尊重,是对劳动者的尊重,是对财富积累的努力,是对社会发展的促进,这本身就是高尚就是美德。节约出来的东西,还可以捐献出来做慈善事业,帮助社会中的弱势群体和贫困人口,帮助他们改善生活、渡过难关,这更是一种高尚一种美德。卢梭说:"奢侈的必然后果是风化的解体,反过来又引起了趣味的腐化。"

诸葛亮告诫儿子:"夫君子之行,静以修身,俭以养德。非淡泊无以明志,非宁静无以致远。"不择手段地追求高级物质生活的人,他的思想品德必然是低级的。节俭是一切美德产生和发展的基础。孟德斯鸠说:"奢侈总是跟随着淫乱,淫乱总是跟随着奢侈。"沉迷于物质欲望的满足,把物质生活看得太重,就会玩物丧志,饱暖会思淫欲,饥寒要起盗心。挥金如土,浪费财富,欲壑难填,就会不择手段,就可能不择手段地去追求金钱财富,偷盗,贪污,受贿,欺骗,抢劫,一切不道德的行为都可能发生。节约用度,克勤克俭,不为物累,甘于清贫,物质生活匮乏了,就用精神生活弥补,这样就会严以律己,就会精神高尚,富而不骄,贫而不谄。

节约是个人幸福生活所不能缺少的物质财富得以积累的重要方法。大仲马说:"节约是穷人的财富,富人的智慧。"对于一个社会来说,对于一个家庭来说,财富的积累都有一个相同的公式:创造的物质财富－消费的物质财富＝积累的物质财富。努力劳动,增加物质财富的创造,无疑是物质财富积累的活水源头和根本途径,勤俭节约也不失为物质财富积累的重要方法。我国古代俗语说得好:"常将有日思无日,莫待无时思有时。"萨迪说:"谁在平日节衣缩食,谁在穷困时就容易渡过难关;谁在富足时豪华奢侈,谁在穷困时就会死于饥寒。"有了节约这个品德,尽管物质财富还不至于源源不断而来,尽管还未必能让人过上富裕的生活,但是却足以让人的生活不被物质不足拖了后腿。宜未雨而绸缪,毋临渴而掘井。平时勤俭节约,拒绝浪费,往往是特殊时期保全性命渡过难关的战略准备。平时注意节约,在关键时候,在天灾人祸发生之时,在物质极度匮乏之时,依然能生存下来,甚至依然能衣食俱足,从这个意义上说,节约本身就是财富,本身就是用高尚的品德高超的智慧转化而来的物质财富。

朱柏庐在家训中所说的那些话句句精辟:"一粥一饭,当思来之不易;半丝半缕,恒念物力维艰""自奉必须俭约,宴客切勿流连""器具质而洁,瓦缶胜金玉""饮食约而精,园蔬愈珍馐",这些话几乎是妇孺皆知的名言,振聋发聩,直击人心。所有的财物,无论是公共的还是私人的,无论是自己的还是他人的,只要是人类劳动的成果,只要它对人类还有意义,就统统都应该在节约的行列。

勤俭节约的内涵和要求,是随着时代的发展而发展的,是随着生产的发展而发展的。勤俭节约的标准也是随着社会或组织的财富积累程度而不断调整的。如今我们所说的节约,已经不是新三年旧三年缝缝补补又三年式的节约,已经不是雷锋时代一双袜子补18层补丁穿起来有点高跟鞋的感觉的那种节约。我们现在所说的节约,是和小康社会丰富的物质财富相匹配的节约,是和不断提高的家庭收入相适应的节约。有钱不花,有东西不消费,这不是我们提倡的节约。我们提倡的节约仅仅是不要浪费,该消费什么我们还消费什么,该消费多少我们还消费多少,不能因为节约影响到我们的生活水平,不能因为节约降低了我们的生活质量。譬如吃饭,你需要吃三个馒头才能吃饱就买三个馒头全吃掉,这叫作节约。倘若你买了两个馒头,只吃了一个,另一个扔掉了,你只需要吃一个馒头就吃饱了,扔掉的那一个馒头就是浪费。

孩子,听说你最近这几天轮转到了医院的内分泌科学习,11月1日还深情地给我们写了一段文字:"爸爸妈妈你们好,我现在在内分泌科,见到了各种各样的糖尿病,觉得饮料还是少喝为好,腹型肥胖会增加胰岛素抵抗,对胰岛素发挥正常功能尤为不利。爸妈你们要控制体重,增强有氧锻炼。"吃饭不是吃得多就好,还得看看对身体的健康好不好。如果吃两个馒头属于合理饮食,吃三个馒头容易肥胖,容易催生疾病,这第三个馒头也是属于浪费,不仅浪费了粮食,还浪费了健康的身体。

记得你在上初中的时候,十分爱打篮球,是学校里有名的篮球健将。有一次,邻居家孩子买了一双篮球鞋,你还挺羡慕人家的。记得你说过人家的那双鞋价格不菲,记得你说好像是花了差不多2000元,价格相当可观。那时候,你奶奶听说后也大发感慨:她自己这一辈子将近80年时间所穿的鞋子加起来也没有花够2000元。你奶奶一生当中穿鞋没有消费那么多,那是由你奶奶所处的那个物质财富极度匮乏的社会历史条件造成的,也是由你奶奶非常节俭的生活作风造成的。你奶奶勤俭节约的美德是值得我们永远认真学习的。但是,怎样才算节约?衡量节约不节约的标准是随着时代的发展而不断提高的。人家买那双篮球鞋是在人家家庭的经济能力承受范围之内的,是对社会发展成果的分享,而且据说人家之前有脚疼的毛病,自从穿了那双鞋以后,脚再也没有疼过,那双鞋还增进了身体健康。穿那双鞋,不是浪费,只能叫消费。贷款消费也罢,租赁消费也罢,现金消费也罢,都要对得起这个大好的时代,都要对得起中国特色社会主义建设所取得的伟大成果,要让我们的生活更加体面,更加富裕,更加幸福。

  富裕不是浪费的理由,无论富裕还是贫穷,都不应该浪费。李嘉诚掉了一枚硬币都要弯下腰板把它捡起来,他都在节约,谁还有资格说自己已经富裕了,不需要节约呢?节约是人类的优良传统,靠着这一传统,人类才生生不息日益壮大,才与动物们渐行渐远,所以我们说节约是人类永远的美德。浪费是践踏人类的劳动成果,是践踏劳动者的汗水和心血、体力和脑力,是挥霍最为珍贵的资源——时间,历来为全人类所不耻。节约光荣,浪费可耻。正确的价值观对一个人的行为举止具有指挥和命令的作用。

  孩子,条件越好越要注意节俭,你要学会善于用节俭的美德酿造幸福的生活。

  希望你在勤俭节约方面也如同你在其他方面一样,能走在前列,给身边的人起表率作用。

父亲
2019 年 11 月 5 日

第⑪封信
诚信是立身之本

亲爱的孩子：

  刘基在《郁离子》中记载，春秋战国时期，济阳有一个商人乘船过河掉进了河里，他向岸上的渔夫求救："救我，给你真金百两！"渔夫跳进河里把他救了起来，商人支付了真金十两："你一年也挣不到十两，不要嫌少！"没过几天商人返程再次落水："救我，给你真金百两！"渔夫无动于衷，眼睁睁地看着他扑腾着扑腾着渐渐溺亡了。商人言而无信，品德上的不足让他付出了生命的代价。

  诚信代表的往往是长远利益和根本利益，一旦失信于人，就会产生信任危机。一个人不诚信好像没有什么大问题，随之而来的是一传十十传百，范围以几何级数迅速扩大，结果只能是大家都相互不信任。当大家都相互不信任的时候，就会丧失掉所有的利益，直至危及生命。

  诚信是立身之本。

  诚信是做人的根本。诚信两个字，从造字的角度说，都是会意字。诚，从言，从成，成亦声；信，从人，从言；诚是真实的话，信是人说的话，意思都是说到做到的话，可以兑现的话，掷地有声的话，不打折扣的话，不含戏谑的话，绝不骗人的话。唯有真的，才是善的才是美的，所有假的都是丑的都是恶的。"诚者天之道也，诚之者人之道也。""诚者，物之终始，不诚无物。"中国传统思想认为诚信是天地的根本属性，一切事物的存在都依赖于诚信，因而诚信是最高的道德境界。孔子说："人而无信，不知其可也。大车无輗，小车无軏，其何以行之哉?"朱熹说:"信犹五行之土,无定位,无成名,而水金木无不待是以生者。"正是诚信才让人成为人,就如同在五行之中以土为基础才产生了水金木一样,人正是以诚信为基础才产生了各种各样的美德。人无信则不立,做人最重要的就是讲诚信。没有诚信,一切美好的道德都与自己无缘,一切美好的事物都与自己无关。没有诚信,行同狗彘,就无法在社会中立足,就没有人敢相信你。

诚信是最好的荣誉。诚信是中华民族的传统美德。荀子说:"言无常信,行无常贞,惟利所在,无所不倾,若是则可谓小人矣。"不讲诚信唯利是图的人就是小人,就不会讲什么节操,就什么坏事都能干得出来。小人是什么人?小人没有达到真人的标准,还停留在古猿和猴子阶段,还不懂得人间的规则,还需要相当长时间的进化才能成为合格的人。正如巴尔扎克所说遵守诺言就像保卫你的荣誉一样,信守诺言本身就是莫大的荣誉。诚信关乎节操,一次失信,哪怕不是故意的失信,都可能会毁了我们一生的名誉。即使诚信给我们带来了暂时的麻烦,我们也必须坚持诚信,只有诚信才是我们的根本利益和长远利益之所在。孔子有个学生叫曾参,后世人们尊称他为曾子,就是那个"吾日三省吾身"的曾子。有一次,曾夫人想去集市采购点日用杂品,孩子哭着闹着不让她去,她就答应孩子:"妈妈从集市回来后就杀猪给你吃肉。"她想这样哄哄孩子就可以了,压根儿也没有打算真的杀猪吃肉。但我们尊敬的曾子却不顾夫人反对真的把猪杀了,曾子说孩子什么事情都是跟着家长学习的,家长说的话孩子都是当真话来听的。现在家长欺骗孩子,就是教育孩子到社会上也照葫芦画瓢去欺骗别人。做父母的骗人,做子女的也骗人,没有诚信,信誉都没有了,形象都丑陋了,都不配做人了,要猪还有什么用?人,既然穿上了衣服,就必须和动物有所区别,就不能只认得食物,就不能为了食物而丢掉了荣誉和道德。

诚信是立业之基石。对社会来说,诚信可以调节人际关系,减少矛盾纠纷,维护社会稳定;诚信可以加快商品流通,提高产品质量,促进经济发展;诚信可以提高公民道德,繁荣民族文化,增进社会美好。对个人而言,诚信是巨大的力量，诚信是无形的资产。李嘉诚说："你必须以诚待人，别人才会以诚相报。"冯玉祥说："对人以诚信，人不欺我；对事以诚信，事无不成。"平时我们常常讲"狼来了"的故事，"烽火戏诸侯"讲的是历史上一个"狼来了"的国王。周幽王为了博取爱妃褒姒一笑，下令点起烽火，烽火就是军令，各路诸侯急忙率兵救驾，到得京城才知道原来是个玩笑。褒姒笑了，诸侯恼了，国王失信了。五年后，真正发生大敌入侵，幽王的烽火再也不管用了，落得个西周亡国、幽王自刎和褒姒被俘的结局。这就是失信的惨痛代价。季布非常诚信，誉满中国，朋友遍天下，坊间流传"得黄金百两，不如得季布一诺"。后来，季布被汉高祖刘邦悬赏通缉，旧友不为重金所动，敢冒灭族危险来保护他，季布终于免遭一难。这是对诚信的丰厚回报。诚信者胜，失信者败，诚信者事业兴隆，失信者破败凋零，甚至诚信者生，失信者死，这就是社会的规则。

　　诚信要贯彻到社会生活的每一个方面，每一个角落。工作要讲诚信，严格执行项目计划、操作规范、工作流程就是诚信，投机取巧省力气就是失信。学习要讲诚信，知之为知之、不知为不知就是诚信，不懂装懂、抄袭作弊就是失信。买卖要讲诚信，货真价实、童叟无欺就是诚信，以次充好、缺斤少两就是失信。交友要讲诚信，一言既出，驷马难追就是诚信，欠钱不还、一拖再拖就是失信。独处要讲诚信，无人监督自觉行善就是诚信，欺天昧心、掩耳盗铃就是失信。生活要讲诚信，自己对自己也有一个诚信问题，知错就改、自尊自爱就是自己对自己的诚信，讳疾忌医、带病工作就是自己对自己的失信。有毒食品，豆腐渣工程，假冒伪劣商品，电信诈骗，虚假广告，伪造文凭，考试作弊，说话不算数，如此等等，所有的不诚信，都会受到良心的审判，情节严重的还要受到法律的制裁。良心是我们每个人心头的卫兵，监督我们时时处处都要讲诚信，监督我们将诚信进行到底。

　　诺不轻许，轻诺必寡信。不论你做什么事情，都不要轻易许诺，但凡许诺，都要经过深思熟虑，反复斟酌，是否符合国家政策，是否符合法律，是否符合公众利益，是否符合人情，是否符合常理，是否符合纪律，是否有利于把事情办好,这些问题都想好了再去许诺。诺言一旦许下,吐口唾沫都要在地上砸下一个坑。诺言就是射出去的箭,要严肃对待,就要言必行行必果,取信于人。出现了意料之外的情况导致诺言不能兑现的时候,第一要耐心给对方做出清楚的解释,以获得对方的理解和宽容,第二要在条件成熟的时候继续兑现,即使对方已经不再要求。要求不要求兑现是对方的事,兑现不兑现是自己的道德品质和做人境界。

生命诚可贵,诚信是人的精神生命。爱情价更高,诚信是做人的最大魅力所在。金钱很重要,诚信更是无价之宝。自由最宝贵,诚信天下任我行,失信寸步难迈进,没有诚信的人就没有自由可言。

"若有人兮天一方,忠为衣兮信为裳。"

人生之路,道阻且长,诚信是畅行无阻的通关文书。

孩子,你一定要秉持诚信,做不到的话不要说,说出来的话就当作钉在铁板上的钉,讲诚信,守信用,用你的诚获得别人对你的信,用你的信换取别人对你的用。

祝你有人敢信,有人敢用,前程似锦。

父亲
2019 年 11 月 12 日

第⑫封信
遵守纪律是个人成功的保证

亲爱的孩子：

能为他人提供帮助和便利，能增进他人的进步和快乐，这是人生最大的幸福。只有付出了才能得到他人的尊重，付出多少得到多少，受到肯定是人生最大的光荣。听说你当选了某研究生会主席，我很高兴。这是为大家服务很好的机会，也是历练自己很好的机会，你要珍惜大家对你的信任，绝不能辜负大家对你的期待。

担任了研究生会主席，也是学生中的普通一员，绝不是什么高高在上的特殊学生，你要和其他所有的学生一样，遵守纪律，努力学习。我感觉到有必要和你谈几句关于纪律的话题。

不以规矩不能成方圆，不以六律不能正五音。任何一个组织或团队，纪律制度都是不可缺少的构成要素，它能保证团队有力量，个人有成就。

三年清知府，十万雪花银，一说清朝人们马上就会想到贪腐，人人都知道清朝的腐败现象十分普遍。在人们的思想观念中，大凡是清朝的官员，几乎就没有不贪腐的。但是，让人想不到的是，清朝还真的有一个作为例外的不贪腐的清廉的衙门存在，那就是英国人赫德领导下的大清海关。大清海关的清廉得益于它仿照英国建立了自己的一整套海关制度，包括行政、监督、工资、福利等各方面的制度，从申报、查验、估税、审核、征税、交款直至验放各个环节都规定和贯彻了详细的操作规范和严格的纪律要求。赫德带头遵守纪律，抵制选人用人上的歪风邪气。赫德的一个关系很好的英国朋友生活在广州，想通过赫德在海关给儿子安排个差事，为了公开公正公平，赫德要求他参加了统一的招聘考试，结果他因成绩不合格而名落孙山。赫德没有因为他是英国老乡，没有因为他是朋友的儿子，就违反纪律进行"照顾"。赫德不仅自己严格遵守纪律，也要求所有工作人员严格遵守纪律，对违反纪律的人进行处分，毫不留情。广东海关的一个工作人员晚上下班后提着一条大鱼回家，纪律检查人员发现之后，经过询问才知道是一个报关人员赠送的。私自接受报关人员馈赠，有碍执法公正，他被开除了公职。清朝海关能够出淤泥而不染，保持它的清廉和高洁，周全又严明的纪律起了保障作用。赫德在治理大清海关上取得了历史公认的业绩，与他时时处处都能严格遵守纪律是密不可分的。

遵守纪律是个人成功的保证。

纪律对社会、对集体的作用和意义想必是人人都知道的，不必多言。人人遵守纪律，社会就井然有序。违法乱纪事件减少，就叫作天下太平。能生活在太平世界中，是每个人的愿望，也是每个人的造化。

个人不遵守纪律，必将受到纪律的惩罚。纪律的生命在于执行，组织的力量在于纪律。执掌纪律必须严明，违反纪律必须惩罚。奖惩分明，纪律才有作用。形同虚设，纪律又有何用？吴王阖闾邀请孙武加盟，孙武呈上自己的著作《孙子兵法》，并进行了讲解。为了验证孙武的军事才能，吴王就把嫔妃和宫女近200人召集起来，让孙武把这些平时钩心斗角、彼此倾轧、不懂配合、养尊处优的女人训练成一支能战斗能胜利的军队。孙武把这些宫女分成两队，由吴王最宠爱的两个嫔妃担任队长。孙武做的第一件事情就是制定纪律要求和违纪处分办法。训练开始后这些懒散惯了的女人还和平时一样懒散，有的说话，有的嬉戏，有的吃喝，有的打闹，还有的戏耍孙武，简直就是一团乱麻，人人都有来头，个个不听指挥。孙武重申纪律，重申要求，重讲意义，重做思想工作，特别要求最受国王宠爱的两个妃子身为队长，不要辜负吴王的厚爱。再次操练依然如故，大家还是心中无纪律，眼里无将军，谁越受国王宠爱，谁就越是有恃无恐。孙武严格执行军纪,演武场和后宫的不同,是军人和宫女的不同,命令和商议的不同,军纪和宠爱的不同,军纪不是摆设,执行才有效果。两个宠妃,身为队长,带头不听指挥,带头破坏训练,依据纪律应当斩首,孙武不徇私情,刀起头落。但凡有人违纪,孙武都会按纪处分。很快,比乌合之众还自由涣散、目中无人的宫女就被训练成了纪律严明、战斗力强的军队。吴王尽管痛失两个爱妃,为了国家强盛,也非常赞赏孙武的工作,给了孙武应有的重用。孙武训练宫女成军的事件告诉我们一个道理,纪律严明就不存在乌合之众,宫女也能组成优质军队;没有严明的纪律宫女只会自由涣散,互相构陷,内耗严重,组织就没有执行力。值得我们每个人吸取的惨痛教训,就是谁不遵守纪律谁就会受到惩罚,哪怕是国王最为宠爱的妃子,无视纪律也逃脱不了被杀头的命运。

　　作息纪律,廉洁纪律,会议纪律,劳动纪律,都要严格遵守,这是医院良好的秩序和高超的诊断治疗水平的保证。操作要领、操作规范都属于纪律,都要严格遵守,这是对病人和家属的负责,也是对自己和家人的负责。前几年有人说白求恩是因为喝酒后上了手术台才受的伤,是饮酒毙命的。这是纯粹的胡说八道,毫无根据,目的是诋毁英雄,否定英雄,根本上是要否定社会主义制度。真实的情况是,白求恩因为战地情况紧急,加快手术速度,导致自己手指受伤的。在河北涞源县摩天岭战斗中英勇的战士朱德士大腿粉碎性骨折,抢救伤员的手术已经开始,如果转移手术地点,伤员就有生命危险,必须在敌人打过来之前完成手术,他加快了手术速度,匆匆忙忙中左手中指被手术刀割破感染了。第二天白求恩又收治了病人吴明,吴明在战斗中打死了6名敌人,缴获了3挺机关枪,令人敬佩。他患有颈部丹毒合并蜂窝组织炎,这是外科烈性传染病,眼看吴明就要命赴黄泉了,白求恩出于对英雄的崇敬,不听别人劝阻,不顾自己的伤情,亲自上了手术台,这次手术刀划破了白求恩的手套,通过原伤口感染了致命的病毒,最终发展成了败血症不治身亡。伟大的国际共产主义战士白求恩永垂不朽!如果敌人迟一两个小时打过来,如果是在和平年代,如果条件允许,白求恩作为北美最优秀的医生之一,他绝对不会违反规范和流程,反而一定会模范地遵守规范和流程。遵守操作要领和操作规范,才能保证工作的质量,保证诊治的效果。

朱元璋问文武百官:"世界上什么人最快乐?"大家七嘴八舌进行回答,有的以为是金榜题名的人,有的以为是功成名就的人,有的以为是经济富裕的人,有的以为是当官显贵的人,有的以为是妻妾成群的人,朱元璋连连摇头。直到有一位年长的大臣说"遵守纪律的人最快乐",他才表示赞同。违背纪律就会受到纪律的惩罚,就会失去自由,只能有一个痛苦的人生。遵守纪律才能得到纪律的保护,才有真正的自由,才有个人的安全和快乐。

天有天道,人有人道,盗亦有道,道之外化,即成纪律。纪律是我们永远不能疏忽的生存条件。鱼生活在水中不知道水的存在,人生活在空气中不知道空气的存在,但是当我们把鱼和水分开,当我们把人和空气隔绝,就立马懂得了水和空气的无上价值。纪律为我们维持了和谐的社会生活环境和顺畅的人际关系,我们就应该把纪律当作生命一样来敬畏。谁违反了纪律,纪律就会和谁过不去。

孩子,作为社会的人,作为组织的一分子,作为研究生会主席,你要努力做遵守各项纪律的模范。

祝你在遵守纪律中获得事业成功、人生幸福和心情快乐!

父亲
2019 年 11 月 30 日

第⓭封信
哲人的足迹，深远的启示

亲爱的孩子：

　　有一次，苏格拉底和他的学生欧西德在一起聊天，欧西德说他自己一生当中所做的都是正义的事情，引发了师生二人之间的一段对话。

　　苏格拉底：什么是正义，什么是非正义？虚伪属于正义，还是属于非正义？

　　欧西德：虚伪属于非正义。

　　苏格拉底：那么，偷盗呢？

　　欧西德：偷盗当然是属于非正义了。

　　苏格拉底：用谎言引诱敌人和偷盗敌人的财物，这是非正义吗？

　　欧西德：不，这属于正义。

　　苏格拉底：你刚刚还说偷盗属于非正义，现在怎么又说偷盗属于正义呢？这不是自相矛盾吗？

　　欧西德：对朋友和对敌人不一样。

　　苏格拉底：孩子嫌药品味道苦，哭着闹着不肯吃。医生欺骗他说这种药一点都不苦，反而是很甜的，孩子吃下苦药后病好了。这是正义，还是非正义？

　　欧西德：这个属于正义的谎言。

　　苏格拉底：精神病人要自杀，有人把他的刀偷去，这个是正义，还是非正义？

　　欧西德：正义。

苏格拉底:你说谎言和偷盗应该针对敌人,现在怎么又要对朋友说谎偷盗呢?

欧西德:伟大的苏格拉底老师,我不知道怎么回答您提出的这个问题了。

这段对话被爱利亚学派的主要奠基人齐诺芬记录在了《纪念录》一书中。

苏格拉底是古希腊思想家、哲学家和教育家,希腊三圣一个是他本人,一个是他的学生柏拉图,还有一个是柏拉图的学生亚里士多德。

苏格拉底这个人有多伟大?孔子对中国文化的影响有多大,苏格拉底对西方文化的影响就有多大。

苏格拉底和孔子的不同,不仅仅在于东方西方的差别。他们都是教育家,都是终身的教师,孔子创办了自己的学校;苏格拉底没有创办自己的学校,他实施教育随时随地,所有的地方都可以是他教育的场所,所有的人都可以是他教育的学生。

孔子的教学方法是因材施教、启发和举一反三。子曰:"求也退,故进之;由也兼人,故退之。"子曰:"不愤不启,不悱不发。举一隅不以三隅反,则不复也。"苏格拉底的教学方法是"产婆术",实际上就是谈话法,在问答中让对方自己纠正或者放弃自己原有的错误知识,从而掌握正确知识,确立新观念新思想。

孔子和苏格拉底的政治主张大相径庭。孔子竭力维护现有统治者的统治,苏格拉底却主张变革现有的政治制度以推翻现有统治者的统治。

孔子政治主张的核心是仁政和德治,主张以轻徭薄赋来富民,以教化提高人民的综合素质。"为政以德,譬如北辰,居其所而众星拱之"。孔子主张以礼治国,把礼当作治理国家的准则,"治国不以礼,犹无耜而耕也"。孔子以为为政在人,强调统治者的表率作用,以为统治者以身作则,国家就可以兴旺发达。

苏格拉底那个时代的雅典城邦,已经废除了贵族统治的王政一百多年,实行的是已经颓废到了极端腐败的民主制,极端民主化发展到了堪称笑话的程度,执政官、将军都是自愿报名后通过抽签方式产生的。显然这样一种很不健全的腐败了的民主制，既不能代表，也不能保护人民的利益。苏格拉底把这些丑陋的政治都看在了眼里，他的头脑中曾经无数次思考城邦的出路。苏格拉底提出了他的精英治国的主张，城邦所有的行业、所有的领域、所有的地方都应该由训练有素的专家来管理，政权也应该交给专家，他对抽签选举嗤之以鼻，他甚至反对通过选举产生领导人，他说船舶需要有精通航海的人驾驶，纺羊毛需要女人领导男人，医生看好病就是精英，老师教好学生就是精英，农民多打粮食就是精英，做官管理好政事就是精英，有道德的精英就理所当然地应该被赋予领导城邦的权力。苏格拉底反对当时的政治制度，他周围还有相当数量的人也持有这样的态度，主要是他培育的学生，包括一些体制内的人。

苏格拉底和孔子还有一个重要区别，孔子寿终正寝。周游列国，处处碰壁，凤鸟不至，河图不出，西狩见麟，人心不古，礼崩乐坏，孔子一生追求的政治理想破灭了，他的儿子孔鲤和优秀学生颜回、子路都先他而逝，在这一系列不幸事件的打击之下，他疾病加重，泰山坏梁柱摧哲人萎。孔子咽气之前说的最后一句话就是"天下之无道也久矣"，这是理想破灭后的悲声。苏格拉底死于非命。苏格拉底被法庭以投票的方式判处死刑，服毒而死。他是人类历史上第一位被判处死刑的伟大哲学家。

哲人的愚蠢，深远的启示。

如果我们赞同苏格拉底的某些政治观点，如果我们赞同苏格拉底不同法庭妥协的态度，如果我们把这些都理解成苏格拉底在坚持正义，他在为正义而战。那么，假如苏格拉底把宝贵的生命留下，他就还可以继续为真理而战斗，他对雅典，对古希腊，对整个西方文明，对人类文化和文明的发展，贡献必然会更大。韩信钻过胯下，留得生命，才可以统兵打仗，成长为威震八方名留千古的大将军。

孩子，伟人很多，权威也有，但权威也有缺憾。金无足赤，人无完人。智者千虑必有一失，愚者千虑必有一得。尊重每一个人是自己的高尚。尊敬大咖代表一个人有追求和理想，不崇拜任何一个伟人和权威是提升的阶梯。有人评价苏格拉底说苏格拉底是没有底的,他的伟大和他的智慧没有底,但是就不懂得生命的珍贵这点来说,我想说的是苏格拉底,他的渺小没有底。

希望你努力把工作干好,用出色的能力和一流的业绩在领导和群众中树立起高大的形象。现代社会的特点是分工精细而且明确,每个人都把自己分内的事情做好,整个社会就是太平盛世。所有的事情都是有人负责的,希望你不要去评品和干涉别人的事情。政治是政治家的事情,我们不懂。你的任务是提高诊断和治疗疾病的水平和效果,和自己工作有关的事情,希望你要虚心和领导交流、耐心和同事交流,达成最佳的共识,以促进工作业绩的芝麻开花。

孩子,你要始终坚持用自己的头脑评价每一个人和每一件事。

祝你做事智慧,小事糊涂,什么事都不愚蠢!

父亲
2019 年 12 月 12 日

第⑭封信
常读读《论语》，多学学做人

亲爱的孩子：

刚入小学，你就开始背诵《论语》，《论语》当中有非常丰富的智慧。怎样做人，怎样做学问，怎样做事，反复读一读《论语》，能得到很多有益的启迪。

今天，我和你分享几章我自己读《论语》的体会。

（一）己所不欲，勿施于人

子贡曰："我不欲人之加诸我也，吾亦欲无加诸人。"子曰："赐也，非尔所及也。"子贡说："我不希望别人强加于我的事物，我也要做到不强加给别人。"孔子说："子贡啊，这不是你能做得到的。"《论语》在后面谈什么是仁德的时候，孔子的意思相同的话还有两处：一处是《雍也第六》中的对"博施于民而能济众"算不算是仁德的回答，即"己欲立而立人，己欲达而达人"；另一处是《颜渊第十二》中的"己所不欲，勿施于人"。

子贡在向孔子学校的校长作思想汇报，非常自豪地说："经过一个学期的学习，我明白了许多做人的道理，现在我做到了'己所不欲，勿施于人'，今后我还要努力做到'博施于民而能济众'。"校长听了，首先表示十分高兴，子贡对于做人做事的道理懂得越来越多了，越来越深刻了，这叫学业有长进。其次，校长又讲话了：要把弄清楚了的理论转化为自己的行动，那很不容易，尤其是对于"仁德"。仁德是道德追求的最高境界，一般人都做不到，只能努力追求，那是十全十美的专利品。尧舜是"尽善矣，亦尽美矣"的帝王，尚且不能完全做到,"尧舜其犹病诸"。如果完全做到了,"何事于仁,必也圣乎!"那是只有圣人才能做到的。我们后世人说孔子是圣人,孔子生前从来没有说过自己是圣人。孔子只能客观地评价自己:"十室之内必有忠信如丘者也,不如丘之好学者也。"第三,校长对子贡又提出了勉励。"子贡啊,尽管修到完全的仁德是你做不到的,但是你一定要朝着仁德的方向努力。一分耕耘一分收获,付出的艰辛越多,收获的成就就越大,你可千万不要放弃啊!"

己所不欲,勿施于人,早已深入人心了。但是,己所有欲,博施于人,对好多人来说还是比较陌生的。其实两者都是有所偏颇的。从道德上讲,每个人都是独立的主体,都有独立的利益、独立的人格、独立的尊严,不好的东西,不利的事情,己所不欲,勿施于人,我不想要,也别送人;良好的东西,有利的事情,己所有欲,博施于人,我愿意要,也让别人拥有。这真有点与天下人要富一起富,要贵一起贵的豪迈气魄。但是从社会上讲,从经济上讲,这有点不合适,有点行不通。记得有一个朋友说过,当兵是与敌人打交道,当警察是与坏人打交道,都是危险职业,所以自己不干,子孙后代也不干。但是,如果你不扛枪,我不扛枪,谁来保卫家?我国当今城乡二元经济结构严重,社会存在分工,并且越来越细,各人各有爱好兴趣特长,不能强求一律,甲所不欲的事情很可能是乙所有欲,或者丙所无奈也必须接受的事情。

什么事情都得讲条件,分场合,分对象,不能简单地搞一刀切。

(二)智勇双全,文韬武略

《论语·公冶长第五》中有这样一段话,子曰:"道不行,乘桴浮于海。从我者,其由与?"子路闻之喜。子曰:"由也好勇过我,无所取材。"其大意是孔子说:"如今天道遭遇到破坏,社会一片混乱,我要乘坐一只木筏到海外去漂泊,能够追随我的人,难道不是子路吗?"子路听了这句话特别高兴。孔子接着说:"子路这个人呀,在崇尚勇敢、性格急躁这些方面超过了我,但不会审时度势进行取舍。"

从根本上看,这是表达了孔子对他的学生的要求:智勇双全,文韬武略。

孔子十分善于赏识和表扬他的学生,他深知好孩子是夸出来的。他夸奖了子路的勇敢,子路十分高兴。其实孔子也十分善于批评学生,他深知批评和表扬是教育的两种基本手段,光表扬不批评也不行,玉不琢不成器,树不修不成材。不过,孔子批评学生很有艺术,很讲究方式方法。本章中对子路的批评就很有意思。

孔子先表扬子路"好勇过我",有的方面比老师还强,紧接着话锋一转,切入正题,批评也是循循善诱,诲人不倦,不愧是大成至圣万世师表。如果换作现在社会的某些低俗鄙陋之人,是绝不会使用孔子使用的那种温文尔雅语重心长的语言来批评人的,使用的一定是粗暴刻薄的语言。

孔子即使爱之深故责之也切,也不会翻旧账,也是一码归一码。如果换作现在社会的某些低俗鄙陋之人,一定会把记载在《述而》中的老账也搬出来,新账老账一起算了。低俗鄙陋的人是不会心平气和地说话的,只会愤愤地说:记得你曾经说过"暴虎冯河,死而无悔""吾不与也"。你要徒手斗老虎,不拿任何武器,连简单的棍棒都不拿,你能斗得过老虎吗?不被老虎吃掉才怪呢!你要徒足过黄河,不借助任何工具,连简单的木板都不使用,黄河那么宽那么深,你能过得去吗?不被黄河水淹死才怪呢!遇到事情一定要做到"必也临事而惧,好谋而成者也",谨慎思考,用心安排,办事才能成功,只凭莽撞,什么事情都办不成。

(三) 做人要有品味

子贡问曰:"赐也何如?"子曰:"女,器也。"曰:"何器也?"曰:"瑚琏也。"

子贡问:"我这个人怎么样?"孔子说:"你呀,好比一个器具。"子贡问:"是什么器具呢?"孔子说:"是瑚琏。"

孔子有高超的语言艺术。孔子任教,不仅有义正词严的一面,更有幽默诙谐的时候。孔子不仅善于直白,还善于设喻。

这瑚琏是什么呢?是个很珍贵的宝贝,是夏、商、周三代中央政权在祭祀宗庙时使用的盛五谷的器皿,这种器皿选用质地上好的美玉制成。瑚琏是十分高尚、十分清纯、十分贵重的宝器。"瑚琏也"等于夸奖子贡是人世间罕见的大德大才之人。

子贡听了默不作声,内心暗自高兴得不得了,以后学习也就更加努力了。

孔子用有品位的语言评价了有品位的子贡。

(四)说话要留有余地

《论语》记载:子使漆雕开仕。对曰:"吾斯之未能信。"子悦。意思是说,孔子派他的学生漆雕开去当官,漆雕开回答说:"我对当官不感兴趣。"孔子听了很高兴。漆雕开的话是留有余地的。

一个"斯"字,翻译成白话文,就是"这个"的意思。"这个"是哪个呢?读者可以去任意发挥,一个"斯"字,给读者留下了充分的想象余地。

有人把"斯"理解为孔门学问。漆雕开自己以为理论知识尚未深刻理解,尚未联系实际搞懂,所以暂时还不想去当官。如此理解,漆雕开就成了"知之为知之,不知为不知"的榜样了。孔子值得高兴。

也有人把"斯"理解为孔子的派遣。漆雕开不相信孔子说的是真话,以为孔子是在以谈话的方式进行期末考试,考验他能不能抵挡得住名利的诱惑。从孔子的真实意思来看,他还不该接受毕业考试,还不具有去当官的德才。漆雕开能体会到老师的这番用意,孔子也值得高兴。

当然,也可以把"斯"字理解为当官本身,把"信"理解成为真心。漆雕开对当官本身不感兴趣,不图名利,一心只读圣人书,孔子也值得高兴。

本章最妙之处,就在于没有把话说死,留有余地,留给大家去思考。

(五)多闻阙疑,多见阙殆

子张学干禄。子曰:"多闻阙疑,慎言其余,则寡尤。多见阙殆,慎行其余,则寡悔。言寡尤,行寡悔,禄在其中矣。"

子张向孔子请教求取官职俸禄的办法。孔子说:"不懂的道理多向别人请教,懂了的道理也要反复斟酌后再表述,这样就会少犯过错。不会做的事情多看一下别人怎么做,会做的事情三思而后行,这样就会少惹祸害。说话少犯过错,做事少惹祸害,就求取到官职和俸禄了。"

言行须谨,不可张狂,不只当官,做任何工作都是这个道理。

书中自有千种粟,书中自有黄金屋,书中自有颜如玉,只要好好学习,学识增长了,技术增长了,本领增长了,帽子、票子、房子、车子,人所需要的一切东西都会随之而来,面包会有的,一切都会有的。少壮不努力,老大徒伤悲,自己无才智,却怨世事难。书也读不好,事也干不好,当然就乱糟糟。学知识,长才干,3岁入幼儿园,6岁入小学,18岁高中毕业,学不好还得再补习若干年;小孩子干的是大事业,这是在做一生幸福的奠基工程。书读好了,文凭拿到了,学位拿到了,就有了工作岗位,走上岗位后,怎么才能把工作做好?这就是孔子教训子张的话了:言行须谨慎,开口勿张狂。

有的人总是认为滔滔不绝、长篇大论的人就是人才。本来一句话能说清楚的事,总要说上百句、上千句,本来是半个小时就能解决问题的会议,非要开到凌晨两三点钟。

孔子说当官的学问就有两个,一是慎言,最好别说话,如果必须说就说些诚恳话、具体话、管用话;二是慎行,仔细论证,精心计划,慎重落实,做些积德事、实在事、利民事。

(六) 半部《论语》治天下

半部《论语》治天下妇孺皆知,它强调了儒家经典的重要性。北宋著名的政治家赵普,在后周就是赵匡胤的部下,不仅出谋划策促成了陈桥兵变,使赵匡胤黄袍加身做了大宋太祖皇帝,而且帮助宋太祖东征西讨统一了全国。赵普也因此做了大宋的宰相。赵普担任宰相期间每次遇到疑难问题,都要等到晚上回家偷偷打开箱子取出一本书寻找解决办法,到第二天上朝时果然就能提出妙计,人们觉得奇怪,以为他家里有什么天书,就偷偷打开看,原来是半部《论语》,所以就说他是"半部《论语》治天下"。宋太祖死后,他的弟弟赵匡义继位为宋太宗,赵普仍然担任宰相。有人对宋太宗说赵普是山东粗人,不学无术,只是读过《论语》,当宰相不恰当。宋太宗就问赵普:"有人说你只读过《论语》,这是真的吗?"赵普老老实实地回答说:"臣所知道的东西,确实不超出半部《论语》。昔以其半辅太祖定天下,今欲以其半辅陛下致太平。"过去依靠半部《论语》辅佐皇帝打天下,现在要用这些知识帮助皇帝治国家。

半部《论语》治天下,这里所说的半部《论语》,不是上册或者下册,不是章句的一半,不是篇目的一半,它的真实意思是说《论语》这部经典的内容和思想,第一是论述怎样治国的,第二是论述怎样修身的,修身和治国,这就是《论语》的全部内容。

赵普能做一个优秀的宰相,能帮助宋太祖宋太宗开国建国治国,靠的是多方面的知识和能力,以及他的丰富复杂的人生经验。所以我们不能只学习《论语》,也不能指望单单依靠《论语》就能把所有事情办好。

以上六则心得体会,是我在2011年读《论语》时候写的笔记,希望能对你有点启发。

孩子,《论语》作为儒家经典,对中国人的影响属于刻骨铭心的那种。俗话说半部《论语》治天下,就是说《论语》当中蕴含着的智慧无穷无尽。无论做人做事做学问,都应该好好从《论语》当中汲取养分;无论少年青年老年,都应该从《论语》当中获取能量。

《论语》不是读一次两次就行了,需要反反复复读,结合自己的工作生活实际用心读,每一次读都会有新的领悟。

读《论语》要真正"体贴到自己身上",把内中的精髓转化成自己的修养。朱熹说,如果"未读时是此等人,读了后又只是此等人",这就和没有读《论语》一样了。

祝你天天都有新收获,日日都有新进步!

父亲
2019年12月17日

处世在一诚，善良乃春天

第⑮封信
交友须谨慎,事关德与绩

亲爱的孩子:

　　中国有很多名言:人之过也各与其党,观其友知其人,跟着好人学好人跟着巫婆跳大神,近朱者赤近墨者黑。古希腊的伟大学者苏格拉底也说:"告诉我谁是你的朋友,我就能说出你是什么样的一个人。"实际生活中和电视剧里那些犯错误的人物经常用来表达后悔的一句话就是"交友不慎"。

　　可能你对曹无伤这个人还多少有点记忆,他在秦末农民起义推翻暴秦统治的过程中屡立战功,深受刘邦赏识,委以左司马的重任。拿下咸阳后曹无伤看到刘邦军力没有项羽那么强大,认为将来一统江山的人必定是西楚霸王,于是心生二心,给项羽私通情报,这才有了鸿门设宴暗算刘邦这出历史大戏,但是鸿门宴上项羽妇人之仁,谋害刘邦不成,反而供出了朋友曹无伤是间谍。刘邦落荒而逃,回到营地后办的第一件事情就是诛杀曹无伤。刘邦误把曹无伤当益友,以诚相待,差点丢了性命和前程,曹无伤没把项羽当损友脑袋搬迁了住所。交朋友很重要,交什么样的朋友很重要。交友对工作、学习、生活、前途和命运都有重大影响。

　　1962年作家刘白羽到上海治病,他的儿子也跟着到上海看病。遗憾的是,儿子治疗效果令人担忧。母子返京那天,巴金、萧珊夫妇来到病房,谁也不说话,不知道该说什么好。巴金握住刘白羽的手,他的手在颤抖。电话打破了沉闷而紧张的气氛,萧珊抢先接起了电话,母子平安抵达北京,三个人脸上都露出了笑容。巴金估计那天刘白羽妻子和儿子回京后会来电话,担心噩耗,担心刘白羽的身体受不了,所以带着夫人专程来陪伴刘白羽。作别时,刘白羽一再表示感谢,巴金只是摆摆手,淡淡地说:"没什么,正好顺路,就陪你坐一坐。"一代文豪两颗心,述说人间有真情。平平淡淡一件事,内中能量正暖人。素时未必常来往,关键时刻送珍重。交得一个真君子,诚挚沟通沪与京。

子曰:"可与言而不与之言,失人;不可与言而与之言,失言。知者不失人,亦不失言。"有的人值得信赖,可以和他商量一些事情,如果没有和他商量,就是错失了一个好朋友;有的人天生不靠谱,和这样的人说事情就是浪费口舌。交了不可交的朋友和错过了可交的朋友,都是人生的憾事。

交友须谨慎,事关德与绩。

朋友有益友也有损友,益友能给人带来成功和幸福,损友则会叫人失败和痛苦。"益者三友,损者三友。友直,友谅,友多闻,益矣。友便辟,友善柔,友便佞,损矣。"正直、真诚、见多识广的朋友就是益友,虚伪、诽谤他人、花言巧语的朋友就是损友。

范仲淹是北宋伟大的政治家,因为主张改革,得罪了权贵,被贬出京远赴颍州。离京时,平日和他来往频繁的那些当官朋友,都是明哲保身,躲避在家,不敢送行。只有一个叫王质的朋友,也是当官的,那一段时间请病假休息在家,他听说范仲淹要离京,就拖着生病的身体去送行,毫不避讳,大摇大摆地把范仲淹送出了京城。王质不怕受到牵连,不计个人得失,实在是值得交的好朋友。汉武帝时,翟公担任廷尉,家里宾客盈门络绎不绝,自从被罢了官就鲜有来宾门可罗雀了。再后来他官复原职,好多原来的所谓朋友又来阿谀奉承拍马抬轿,翟公讨厌他们那一张张势利的嘴脸,就写了一副对联贴在大门上,上联:"一死一生,乃知交情";下联:"一贫一富,乃知交态";横批:"一贵一贱,交情乃见"。生死考验交情,贫富鉴别动机,贵贱测试友谊。朋友之间同甘可以,共苦难能,越是在困难的时候,越是在落魄的关头,越能检验出谁是真正的朋友,谁是逢场作戏,谁把朋友当作谋利的工具。尽管如此,事后的检验,检验出来是益友怎样,检验出来是损友又怎样?不如一开始就只交益友,不交损友。

我们应该和什么样的人交朋友呢?概括地讲就是八个字:结交高尚,拒绝卑鄙。

孔子曰:"听其言而观其行""视其所以,观其所由,察其所安。人焉廋哉?人焉廋哉?"认识一个人,只要看看他说什么样的话,做什么样的事,用什么样的方法,追求什么样的梦想,就能知道他是一个什么样的人,是仁爱的人还是刻薄的人,是善良的人还是歹毒的人,是诚实的人还是虚伪的人,守信的人还是无信的人,明明白白,一清二楚,装扮是没有用的,隐瞒是没有用的。

唯利是图的人不能交,他们心里只有利,他们眼里只有钱,说话办事功利性明显。唯利是图的人为了利益可以低三下四巴结你,为了利益也可以落井下石坑害你。唐朝灭亡后中国出现了大分裂大动乱的五代十国,五六十年中,少数民族政权统治中原,更迭频繁。汉族人产生了一个不倒翁冯道,曾在四个政权中做官,为六个皇帝出谋划策。今天还是这个皇帝的大臣,明天摇身一变成了这个旧皇帝的敌人,与新皇帝联手绞杀旧皇帝和他的家族。宋朝人欧阳修对冯道的评价只有五个字:有奶就是娘。唯利是图的人价值标准是实用主义,他们心中根本不存在什么节操道义,说白了也就是心中只有他自己,根本没有社会和他人,与这样的人交友,无异于引狼入室,后患无穷。

不懂感恩的人不能交。俗话说得好,滴水之恩当涌泉相报。多数人是有感恩之心的,至少知道别人不欠自己什么。但是有少数人呢,总觉得别人帮助自己都是应该的,"我贫穷我有理,我困难我有理,你帮助我你应该,你不帮我你理亏"。总嫌别人不帮助自己,总嫌别人帮助自己少,甚至有极少数人干脆躺在别人的帮助上生活,自己什么都不干了。农夫把冻僵了的蛇放在自己的怀里,用体温帮助蛇获得了新生,蛇醒来后嫌农夫给予的帮助不够,要求农夫把自己的鲜血供它食用,农夫最终死在了它救活了的那条蛇的恩将仇报中。不懂感恩和恩将仇报只是程度不同,没有本质上的区别。不懂感恩总有一天会退化成恩将仇报。开始是心安理得地接受帮助,后来希望得到更多的帮助,再后来就是怨恨别人给予的帮助少。这样发展下去,花钱出力劳神费心,结果就是培养出来一个仇人。

嫉妒心重的人不能交。嫉妒心重的人,允许自己差,不允许别人好。他们以为自己差的原因不在自己不努力,而在别人更努力。见不得任何人比他好,哪怕是亲情骨肉,哪里还在乎朋友?只要别人比他稍微好那么一点点,他就受不了,总要想方设法把别人拉下马来心里才平衡。嫉妒心一发作就不择手段,什么阴招损招都能使得出来。庞涓和孙膑本来是同窗好友,都是大师鬼谷子的得意门徒。学业完成,庞涓到魏国就业,孙膑也被墨子推荐给了魏惠王。庞涓本领没有孙膑高强,比试兵法不如孙膑,带兵打仗不如孙膑,嫉妒心发作,就诬告孙膑里通外国,砍掉了孙膑双腿膝盖骨,在孙膑面部刺上"通敌卖国"字样。在这种情况下,孙膑很是可怜,有正直人士相告,才识破庞涓嘴脸。不得已孙膑装疯卖傻,与猪为伍,沿街乞讨,吃尽苦头,终于在禽滑厘的帮助下逃离魏国,才保留住一条性命。说到底,嫉妒心就是害人心,不分亲疏远近,一律是他祸害的对象。身边有一个嫉妒心重的朋友,就等于埋下了一颗定时炸弹,不知道什么时候爆炸,这样的后患,你说有多么可怕?

工于心计的人不能交。算计别人,为了自己,所有手段都可以使用,只有他自己才是目的。人间的便宜企图讨尽,周围的人企图利用尽。今天算计这个,明天算计那个,遇事不是考虑光明正大,总是算计阴谋诡计。任何人都是他算计的对象,任何时候都可能被他算计,工于心计的人随时随地都在给别人挖陷阱。机关算尽,绝顶"聪明",套路不断,眼花缭乱,内心阴险,表面和善,不讲道德,没有厚道,常相往来更是防不胜防。为了免于被算计,我们只好洁身自好,远离他们。算计人的人,一般都是两面派,阴一套阳一套,表面尊重你,实际坑害你,当面说你好,背后祸害你。

你可以想一想,在你的生活中有哪些事情的发展顺利是因为自己交了正确的朋友?又有哪些事情发展出现了挫折是由自己交错了朋友导致的?你的同学,你的朋友,你周围的人呢?他们在交友上有什么值得吸取的经验教训?

何不在悲剧发生之前就采取行动？为什么要等到吃尽了苦头才去吸取惨痛的教训？防患于未然，用你们医学生的专业术语说，大概就是预防永远比治疗更有价值吧。

孩子，擦亮你的眼睛去认识周围的人，与有肝胆人共事，与讲道义人为友。祝你在新的环境里结识更多的好朋友。

父亲
2019 年 8 月 15 日

第 ⑯ 封信
识人难,难识人

亲爱的孩子:

  李鸿章给曾国藩推荐了三个人,曾国藩逐个看了看这三个人,什么话也没有问。随后他告诉李鸿章:"左侧之人可用,但只可小用;右侧之人万万不可用;中间之人可用,且可大用。"李鸿章不理解,曾国藩解释说:"左侧之人,我看他一眼,他也看我一眼,我再看他一眼,他就不敢再与我对视了。他心地善良,气魄不够,只可小用。右侧之人,我看他时他不看我,我不看他时,他偷看我,心术不正,不可录用。"

  宋代苏轼在杭州任职时,有一户百姓人家依靠制作和销售扇子生活,但是,因为气候不够炎热扇子卖不出去,所以生活陷入窘迫,还拖欠了官府的税金。苏东坡主动提供帮助,在他家制作的扇子上作画题诗,二十多把扇子很快卖出去了,卖的都是好价格。这户人家的生活有了着落,拖欠官府的税金也还清了。当官还想着老百姓,重视民生,精准扶贫措施得力,这就是善,是真正的好人,跟苏东坡做朋友,那是人生的幸福。

  识人事大,事关交友损益。世间众生,良莠不齐,善恶都有,如果不辨是非正邪,就不能亲近好人、远离坏人,就不免冤枉好人,更不免以坏人为友,不仅自己的德才不能长进,反倒可使祸端生于旦夕。

  识人难,难识人。

  画虎画皮难画骨,知人知面不知心。古往今来,历朝历代,人们都把识人作为最重要的事情，作为最困难的事情。中国古代有责任感的知识分子著书立说，出现了大量关于识人方法的书籍，但是没有任何一本书真正彻底破解识人这个难题。

事有成败，皆在人为。曾国藩，出生于一个农民家庭，书读得好，考中了进士，官做得大，兵练得好，仗打得好，率领湘军镇压太平天国，成就了清代中兴名臣的英名。梁启超佩服曾国藩，天天都读《曾文正集》，毛泽东"愚于近人，独服曾文正"，蒋介石更是把曾文正作为学习的榜样。曾国藩深知识人意义重大，他把识人之道总结为两个字——冰鉴。看人冷静冷静再冷静，像寒冰一样冷静，去除一切偏见杂念，不带任何个人感情，绝无丝毫先入为主，全靠事实说话。

识人不能只看他说什么，怎么说，说得如何精彩。世间确有许多人是语言上的巨人，行动上的矮子，甚至还有人当面甜言蜜语，背后落井下石。说得好不等于人品好，说得好不等于做得好。马谡说起带兵打仗头头是道，振振有词，智慧之神诸葛亮都相信了，结果还是吃了败仗，失了街亭。

听其言而观其行。识人更重要的是看他想什么、做什么、怎么做和追求什么，要根据这些去冷静地下结论。

识人要看他做了什么事，但不能只看他所做的是善事还是恶事，还要看他为了什么而做这些事。一般而言，做善事是君子，但如果是为了不可告人的目的做善事，就不是君子了。行善动机不纯，暗中坏事做绝，也只能算个伪君子。伪君子之恶，远恶于真小人。一般而言，做坏事的是小人，但为了善意的目的，做了"坏事"也不失为好人。要真正识清一个人，还必须看看他办了那些好事或坏事后，是不是心安理得。出于善意办了好事后悔了，只是为了一己私利，今后不办了，不是好人。出于恶意办了坏事后悔了，总认为对不起他人，心中就还存有正义和善良，还有变成好人的可能，也不能算是彻底的坏人。

毛泽东在评价雷锋时说过，一个人办一件好事并不难，难的是一辈子办好事，一辈子办好事就是伟大，就值得学习。办一辈子好事就是心安理得。我们不妨也说这么一句话,一个人办一件坏事也难免,要避免常常办坏事。根据《太平御览》记载,王伽这个人,隋朝文帝开皇年间担任齐州的参谋。开始时也没有什么引人注意的业绩,后来齐州派遣他押送犯人李参等七十余人到首都西安。按照当时的规定,被押送的犯人必须一路戴着枷锁。在荥阳休息的时候,王伽可怜这些犯人艰辛和痛苦,将他们全部召集到一起讲话说:"你们虽然犯了国家法律,但是戴着枷锁也太艰辛痛苦了,我想给你们脱掉,大家分头行动,到了西安再集中。大家能不能按时到达按时集中?"犯人们都叩拜感谢王伽说:"一定不敢延误时间。"王伽于是给所有犯人都脱掉了枷锁,把押送他们的官兵也打发回去了,和犯人们约定说:"某日大家都到了西安,如果有人逃跑了,我就得为他接受杀头的处罚啊。"然后他离开大家一个人走了。犯人们又欢喜又激动,都按时到达,没有一个人逃跑。隋文帝听说了这件事情感到十分惊异,因此把这批犯人全部召集起来,并且让他们都带上自己的老婆孩子,在殿堂之上赏赐他们吃了一顿大餐后全部赦免了罪行,还提拔王伽做了雍县的县长。李参等七十多个犯人,虽然都做过坏事,都犯了国法,但是呢,他们内心都有良知,都知道改正,都在努力向善,所以皇帝也很高兴,就原谅了他们。不经意间,或者一时糊涂,办了一件坏事,只要不感到心安理得,只要努力改正,就应该谅解,尚且可以交往。而如果一辈子干坏事,还心安理得,总以为自己是对的,那就是十足的坏人,就要坚决远离。

　　关键时候、危险时刻、利益面前,最能暴露一个人的真实的内心世界。善或恶,真或伪,温或暴,自私自利或者顾全大局,心中有他人或者心中只有他自己,关键时候总能暴露无遗。汶川地震中那位历史老师范美忠,地震来临之际,不顾学生安危,先于学生逃跑,还振振有词觉得自己是对的。同样是汶川地震,同样是危险时刻,谭千秋、吴忠红、谭国强等老师舍弃生命救学生,不救家人救学生。这就是对比,这就是反差。有了比较就有了鉴别。**孰优孰劣,人人心知肚明。**

　　人是会变的,由好变坏容易,由坏变好很难。五四运动时被国人骂得无处遁身的曹汝霖，幡然醒悟后成了著名的慈善家。他连续多年捐棉衣给人力车夫，为了防止有人冒领，亲自坐车到僻静处把棉衣送给车夫。他办医院，以十分优惠的价格给平民百姓诊治疾病，特别困难的还可以免费就诊。他抗战时期拒绝与日本人合作，不做汉奸，表现出了高贵的民族气节。五四运动一把火烧了赵家楼的那个英雄人物梅思平，尽管是五四先锋，最后却成了铁杆汉奸，投靠了汪精卫和日本人。一切都在变化之中，识人这件事，没有一劳永逸这回事，对同一个人的认识也是一个不断变化的过程。

认识一个人，需要从多个渠道，通过多种方法，考察多个方面。识人的途径有：工作中识人，生活中识人，休闲中识人，交往中识人，从他人的评价中识人。

识人最忌讳的是先入为主，抱有成见。看人看走眼的事经常发生，多数情况是因为先入为主。仰视一个人和俯视一个人，都不能得到正确的结论。站在山顶和山脚下的人，虽然地位不同，但在对方眼里，同样都很渺小。不要因为一个人位高权重学问高深就轻易地给予好评，不要因为一个人地位卑贱学识浅薄就轻易地给予差评。有用不等于真理，职务重要不等于人就高尚。不卑不亢地为人处世，不卑不亢地观察世人，仔细观察，冷静思考，才可以得到比较正确的结论。

孩子，怎样认识一个人，要多听听大家的看法，包括群众的看法、领导的看法、专家的看法。群众掌握实际情况，距离生活最近，眼睛是雪亮的。领导看问题的高度在全局，思想往往深透缜密，眼睛是雪亮的。孙悟空练就了一副火眼金睛，是辨别好人坏人的专家，经验丰富，值得信任，但是孙悟空有时还分不清谁是妖精，每遇困难，还向当地的山神土地咨询，还必须向观音求助，何况我们凡夫俗子呢？听听群众意见，听听领导意见，这是十分必要的事情。

祝你眼睛明亮，头脑清醒，与贤良为友，事业早成。

父亲

2019 年 8 月 17 日

第❶❼封信
交友之道不偏废，友谊方可万古存

亲爱的孩子：

  关于朋友之间应该怎样相处，我们听听这个寓意深刻的阿拉伯传说。朋友两个人要穿越一个沙漠。途中发生不愉快，生气吵架，甲的脾气不好，没有控制好自己的情绪，朝乙的脸上打了一巴掌。乙很气愤，他觉得好朋友不应该打脸。于是他一言不发，在沙子上写下一行文字："今天我的好朋友甲打了我一耳光。"朋友两人继续往前走，走出了沙漠，走进了沃野，他们在一个河边停下饮水。乙不小心滑倒掉进河里，河水很深，眼看就要溺水而亡了。甲急忙赶过来，把乙救上了岸。乙很感动，在石头上深深地刻了一行文字："今天我的好朋友甲救了我一命。"有人听说了两个人的这一段经历，就好奇地问乙："你已经写下文字记住了甲打脸的仇恨，为什么还要和他结伴而行和睦相处？"乙微笑着说："自从那一行记仇的文字被风吹掉以后，我的心中就没有仇恨了。"对方追问："那么，那一行感恩的文字被风吹掉以后你就忘记朋友的救命之恩了吗？"乙斩钉截铁地说："感恩的文字不仅仅是刻在石头上的，更是深深地刻在我的内心深处，无论风吹雨淋日晒，它都永远不会消失。"

  这个世界上有很多值得我们去交往的真心朋友，有很多值得我们铭记的珍贵友谊。

  怎样和朋友相处？该忘的忘记，该记的记住。忘记那些无心的伤害，铭记那些对你真心帮助。

交友之道不偏废,友谊方可万古存。

忠诚。忠诚于朋友,绝不能做损害朋友名誉和利益的事情。朋友托付的事情要竭尽全力。朋友困难的事要主动帮忙。受人之托忠人之事,言必行行必果,忠信为德,把朋友的事当作自己的事来做,正心用心尽心,求成求善求精。投我以木桃,报之以琼瑶。

善良。君子成人之美不成人之恶。浩瀚的沙漠中行走着两人,他们非常艰辛,饥渴难耐,命在旦夕。上帝送来了一棵苹果树,树上仅仅有两个苹果,一个大的,一个小的。上帝慈祥地说:"你们只能有一个人活着走出沙漠。"这天夜里他们照常睡觉。一位兄弟醒来时,发现另一位已经离去,树上剩下了一个小苹果。他品尝到了背叛和冷漠的滋味。他摘下树上的小苹果,揣在怀里向前走,带着对朋友的愤恨。不一会儿,他看到了朋友倒在路边命悬一线,手中握着的那个苹果,比自己手里的还要小。他明白了友谊贵比千金,他一边使劲把自己手中的苹果往朋友嘴里喂,一边号啕大哭。仁慈的上帝出现了:"能救命的不是苹果,而是友谊。"两个朋友互相搀扶着,终于走出了沙漠。善待朋友,帮助朋友,多做有益的事情,成就朋友的美好追求。害人之人不可有,害友之人是豺狼。

适度。朋友之间再亲密无间,也是两个不同的主体,来自不同的家庭,具有不同的利益,奋斗着不同的事业,追求着不同的生活。有个故事叫"问孔子",两个儒学先生意见不合,各自夸耀自己是真儒学,互相诋毁对方是假儒学,相持不下,就去请至圣先师主持公道。孔子很有礼貌,向两个儒学先生鞠躬致敬,然后说:"我的儒学非常广大,何必一定要相同呢?二位都是真正的儒学,只是研究方向不同罢了,哪里有假的?"两个儒学先生各自大喜而去。弟子们说:"您为什么这样评价他们?为什么要和稀泥呢?"孔子答道:"世间好多事情都是这样,公说公有理,婆说婆有理,并且都有理论根据和事实支持,根本不是是非问题,而是关注点不一样,何必去反复规劝呢?"朋友的事,有的事可以知道,有的事不可以知道;有的事可以帮忙,有的事不可以帮忙;有的话能说,有的话不能说,一切的一切都应该适可而止。出于关心和好意,出于真诚和情谊,规劝的话说明白就可以了,听与不听给对方时间去考虑斟酌。第一,你规劝的内容不一定就对;第二,即使你规劝的内容对,朋友也不一定就没有考虑过;第三,你规劝的内容对,朋友又确实没有考虑过,朋友也未必就喜欢你主张的这种方法和看法。不依不饶、揪住不放、死缠烂打式的规劝,结果只能是自取其辱、自找疏远、自寻祸端。

广泛。君子周而不比,小人比而不周。交朋友要广,不分贵贱,无论职业,只问德才。凡是有值得我们学习的长处的人,凡是对我们的修养和学习有益的人,凡是对我们的工作有所帮助的人,都可以是朋友,都应该是朋友。四海之内皆兄弟,我们的朋友遍天下。

如水。君子群而不党,交朋友却不结党营私。交朋友不是为了蝇头小利,不是为了贪便宜。君子之交淡如水,小人之交甘若醴。梁实秋在谈友谊时说:"君子之交淡如水,因为淡所以才能不腻,才能持久。"友谊一旦掺和进去利益,朋友反目就成了敌人。在涉及金钱的问题上,比如随份子上礼,要淡淡地来淡淡地往,轻轻地来轻轻地往,常常地来常常地往,礼金表达的是一份心意,而不是衡量友谊深浅薄厚的尺度。

向上。朋友要传播正能量,甚至开发正能量。君子以文会友以友辅仁。要在品德修养、学识增长、眼界开阔、才能锻造、事业推进等方面有所帮助,或多或少发生点积极有益的作用,至少不因此而退步和堕落。朋友要成为进步的动力,凡是在自己发展道路上成为阻力的或者传递负能量起反向作用的都不能算作朋友。对社会,对他人,对领导,总是持批评态度,满腹牢骚,这也看不惯,那也有意见,好像全世界只有他一个人是对的,别人都对不起他,这样的人就是十足的负能量之人。以欣赏的眼光看世界,以积极的态度办事情,努力向上,乐观进取。

和谐。朋友相处,时间长久,领域宽广,矛盾、冲突、摩擦、纠纷不可避免。对同一事物有不同观点是很正常的事情,君子和而不同,小人同而不和,好朋友就要善于求同存异,不同意朋友的意见,可以保留和坚持自己的看法,但要矜而不争,态度庄重,语言友善,和谐相处,不能打破朋友之间的良好关系,尤其不能关系破裂。天下没有不散的筵席,朋友有聚必有散,散也要散得自然而然,散得无声无息。因时间而散朋友还是朋友,因争端而散朋友就转化成了仇人。多一个朋友多一条路,多一个仇人多一堵墙。和谐相处,聚是朋友,散还是朋友,这是一种与人为善与己为善的态度。

求己。君子求诸己,小人求诸人。自己的事情自己办,自己的困难自己克服,自己的问题自己解决,要把生存和发展的立足点放在依靠自己上。朋友只能是顾问,顾得上就问一问,顾不上就不问了,朋友只能帮忙,也许越帮越忙。不要说有的朋友没有足够的能力,不要说有的朋友习惯于作壁上观,甚至有的朋友还真希望事情搞砸,千人千心,良莠不齐。即使那些有能力帮忙也愿意真心帮忙的朋友,也只能起到帮忙作用,主力还是自己。把希望寄托在朋友身上,一辈子都不会成功,一辈子都不会幸福。我上大学时读过一本叫《三仲马》的书,老仲马、大仲马、小仲马,祖孙三代都是法国的文学巨匠、伟大作家,在世界文学史上占有特别重要的位置。小仲马受父亲影响立志写作,但是初出茅庐,每次投稿都是泥牛入海杳无音信。大仲马希望凭借自己在文坛的地位和影响来帮助儿子早日成名。小仲马认为自己的道路要依靠自己的勤奋来开辟,谢绝了父亲的帮助,靠着坚持不懈的努力,其著作《茶花女》终于得到了编辑、作家和读者的青睐和推崇。小仲马本人完全是依靠自己的奋斗,成了世界文学史上的明星。假如小仲马一直依靠父亲的地位、成就和社会关系发表作品,顶多也就是深邃苍穹中的一颗流星,然而他却依靠自己的不懈奋斗成了茫茫天际间闪闪发光的永不陨落的恒星。求人不如求己,求己才是根本。

无欲。不要对朋友有过多的要求,更不要对朋友有过高的要求。有心情可以一起打一场篮球,没有心情就各回各家;有时间可以一起聊天,没时间可以各忙各事;有精力可以合作做事,没精力可以各扫门前雪;有兴趣可以切磋学问,没兴趣可以听听歌曲。无适无莫,无可无不可,存在就是合理,不要因此而责备朋友。朋友疏远你,不必问为什么,不必要伤心,谁都有自己的生活。壁立千仞无欲则刚,海纳百川有容乃大。

更新。吐故纳新。如果你误交了损友,他不按套路出牌,不是用上述办法与你相处,你就要果断地智慧地把他从你的朋友名单中删除。与其留着给自己添堵,给自己添乱,给自己设置障碍,给自己挖掘陷阱,不如早点远离他。损友不去,益友不来。

孩子,真心地盼望你和你的朋友们融洽相处,互相帮助,共同进步。

父亲
2019年8月19日

第 18 封信
百善孝为先，孝悌仁之本

亲爱的孩子：

我们说孝顺，一般都是说孝顺父母，这是从狭义上讲的孝顺。父母当然需要孝顺，但我们不妨自问：爷爷奶奶要不要孝顺？外公外婆要不要孝顺？一日为师终身为父的恩师要不要孝顺？叔叔伯伯姑姑要不要孝顺？舅舅姨妈要不要孝顺？还有那么多尊长需要不需要孝顺？

其实，孝顺的对象不仅仅是父母，要比父母宽泛得多。孝字由老字头和子字两部分构成，《说文》说"从老省，从子"，孝的本意就是"子承老也"，是处理长辈和晚辈之间的关系。

孝顺，应该是一个人尊敬包括父母在内的所有长辈的美德。写这封信的目的，主要就是希望你能树立和践行广义的孝顺观念。

百善孝为先，孝悌仁之本。

当然，孝顺最基础的首先是孝顺父母。父母兄弟姐妹是最为亲近的人，父母是生命的来源，兄弟姐妹是生活的手足，爱父母和兄弟姐妹是一切爱的生长点。一位哲人说，一个人如果连他的父母兄妹都不爱，还能爱谁呢？就社会制度而言，家庭是社会的细胞，家庭秩序是社会秩序的缩影，社会秩序是家庭秩序的放大。维护家庭秩序是维护社会秩序的生长点。对父母孝顺了，才能进一步孝顺其他尊长，才能进一步去博爱人民、泛爱大众。

孝顺父母，其中最重要的是孝顺母亲。有一句话说天底下所有的伟大人物都是母亲培养出来的,这样说是为了强调母爱的伟大,其实天底下所有的平凡人物也都是母亲培养出来的,天底下所有的人都是母亲培养出来的。母爱最为无私,最为认真,最为细腻,最为持久,最为平等。有人赞美林肯的母亲为美国培养了最伟大的总统的时候,她就很骄傲地说,她还有一个和林肯一样优秀的儿子,正在农田里刨土豆呢。在母亲的眼里,总统儿子和农民儿子一样可爱。

父母对子女的爱是天底下最无私的爱,这是宇宙的通则。所有的动物都是在用自己的生命保护着子女。蝎子产子后让幼小的蝎子把自己一口一口吃掉,来供给子女成长所需要的营养。雄性螳螂在雌性螳螂怀孕后就让雌性螳螂把自己吃掉来保证幼小螳螂的正常发育。曾经有一个猎人,从狼窝里抓了一只小狼崽子回家,狼爸爸狼妈妈带着狼群每天到猎人所在的村庄去闹腾,吃掉村里的牲畜,冲击猎人的门窗,声嘶力竭的嚎叫搅扰得村民惶惶不可终日。直到猎人把小狼崽子送回了山林,小山村的夜晚才恢复了往日的平静。在人间,父母给了子女生命,给了子女成长,给了子女发展,给了子女呵护,给了子女人生经验,给了子女幸福快乐。为了子女,父母没有什么不舍得付出的东西,包括自己的生命。子女孝顺父母是天经地义的事情。

孝顺是评价和识别人的最高道德标准。百善孝为先,孝顺父母是所有高尚品德中最为高尚的品德,是一切高尚品德得以产生的基础。一个人如果为人孝悌,就不会犯上作乱,"君子务本,本立而道生",孝悌就是一切美德的根本。一个人如果连父母都不孝顺,还能指望他对谁有真正的善心善行?人的善德体系犹如一棵大树,要想树干壮实枝叶繁茂,首先必须根系强大。识人抓重点,孝为仁之本。所以孔子说"宗族称孝焉,乡党称悌焉",这才可以算得上是高尚的人,真正的人,优秀的人,有资格做领袖的人。如今社会确实有那么一些不孝之徒,不关心父母的有之,遗弃父母的有之,虐待父母的有之。有一位逆子,不仅与母亲争财产,打官司,拒绝赡养母亲,有时还辱骂母亲殴打母亲。有一个养鸡专业户,自己每天要吃好几个鸡蛋,却不舍得让父母吃,不仅不舍得,还振振有词理由充足,说什么"他们都六七十岁的人了,什么没吃过?"这是什么道理嘛,他自己天天吃鸡蛋，吃过多少了，怎么还在吃？父母以前吃过，怎么现在就不能吃了？这样的人其实不是真正的人，顶多也就是穿了衣服的禽兽而已，在单位在社区，与亲戚同事朋友相处也都是劣迹斑斑。为人不孝，人人得而诛之。

孝顺是事业发展的助推器。为人不孝，行之不远。河南省栾川县的常仁尧被判刑一年六个月。2018年7月的一天下午，他在交通要道路口碰到初二时候的班主任，想起上学时因违反学校纪律曾被惩罚，心生恼怒，拦截老师进行呵斥、辱骂，并连扇四个耳光，又朝老师面部猛击一拳，之后在公路旁继续进行辱骂、呵斥，又先后朝老师胸脯、小腹部击打两拳，并将老师的电动车踹翻摔坏，应他的要求整个过程都有人替他同步录像，随后他把视频上传到了网上，引发现场多人围观和社会舆论广泛关注。这种人做出真是不知道该说他什么好了。不用说班主任老师当时的教育方式粗暴没有证据，就是证据确凿也过了20年了，怎么还能一直耿耿于怀？老师对他的教育和培养之恩怎么就忘得干干净净了？做人怎么能这样不讲道德，这样没有底线？这种人这种行为，得到法律的制裁罪有应得。佛教讲因果报应，讲今生造业障，来世遭报应。善有善报恶有恶报，不是不报时机未到。得道多助失道寡助。孝敬父母尊长人人都会敬重，个个都愿意施以援手给予帮助，危难时刻总能转危为安化吉成祥。不孝敬父母尊长人人都会鄙视，个个都要唾骂，关键时候不仅无人帮忙，甚至有人还要落井下石，总是命运多舛路途坎坷。孝顺的人必将得到人民群众的支持和帮助，前途自然是金光大道一帆风顺，自然是美好辉煌成绩卓著。

这么多人需要孝顺，在孝顺父母和孝顺其他尊长之间发生矛盾冲突的时候，我们应该怎样选择？选择孝顺父母，还是选择孝顺其他尊长？我给你的答案是，选择提高自己的孝顺能力。

孩子，希望你注重品德修养，树立广义的孝顺观念，孝敬尊长。

祝你成为一个高尚的人，得道多助，受人尊敬。

父亲
2019年9月3日

第⓳封信
重温《论语》,再学孝顺

亲爱的孩子:

刚上小学一年级的时候,你就开始背诵儒家经典《论语》,时隔多年,不知道你还记得多少章句?《论语》中有不少关于孝顺的论述,我们不妨重温一下。

重温《论语》,再学孝顺。

一、子曰:"父母唯其疾之忧。"

子曰:"父母之年,不可不知也。一则以喜,一则以惧。"

子曰:"一朝之忿,忘其身,以及其亲,非惑与?"

二、子曰:"色难。有事,弟子服其劳;有酒食,先生馔,曾是以为孝乎?"

子曰:"事父母几谏,见志不从,又敬不违,劳而不怨。"

子曰:"今之孝者,是谓能养,至于犬马,皆能有养,不敬,何以别乎?"

三、子曰:"无违。"樊迟御,子告之曰:"孟孙问孝于我,我对曰'无违'。"樊迟曰:"何谓也?"子曰:"生,事之以礼;死,葬之以礼,祭之以礼。"

齐景公问政于孔子。孔子对曰:"君君,臣臣,父父,子子。"公曰:"善哉!信如君不君,臣不臣,父不父,子不子,虽有粟,吾得而食诸?"

四、子曰:"父母在,不远游,游必有方。"

子曰:"君子笃于亲。"

子曰:"入则事父兄。"

"唐棣之华,偏其反而。岂不尔思,室是远而。"子曰:"未之思也,夫何远之有?"

周公谓鲁公曰:"君子不弛其亲。"

五、子路问:"闻斯行诸?"子曰:"有父兄在,如之何其闻斯行之?"

六、子夏曰:"事父母能竭其力。"

七、乡人饮酒,杖者出,斯出矣。

八、曾子曰:"慎终追远。"

祭如在,祭神如神在。子曰:"吾不与祭,如不祭。"

子曰:"夫君子之居丧,食旨不甘,闻乐不乐,居处不安……"

子曰:"子生三年,然后免于父母之怀。夫三年之丧,天下之通丧也,予也有三年之爱于其父母乎?"

九、子曰:"父在观其志,父没观其行,三年无改于父之道,可谓孝矣。"

曾子曰:"吾闻诸夫子,孟庄子之孝也,其他可能也,其不改父之臣与父之政,是难能也。"

十、孔子曰:"父为子隐,子为父隐,直在其中矣。"

《中庸》子曰:"夫孝者,善继人之志,善述人之事者也。"

十一、子曰:"岁寒,然后知松柏之后凋也。"

子曰:"孝哉闵子骞!人不间于其父母昆弟之言。"

孩子,孔夫子能做到"乡人饮酒,杖者出,斯出也",孝顺所有的老人,希望你也要树立广义孝顺的观念,从孝顺尊长开始努力和修炼,把自己锻造成为一个德才皆备的人,堪当重任的人。

祝你德才兼备,成为社会的栋梁。

父亲
2019 年 9 月 4 日

第⑳封信
坐而论道不如起而行之，
孝顺尊长贵在行动

亲爱的孩子：

理论是灰色的，生活之树常青。什么是孝顺？为什么要孝顺？怎么样孝顺？滔滔不绝的理论，无论讲多少，都不如采取一次实际行动。孝顺的生命在于实践，而不是理论。

坐而论道不如起而行之，孝顺尊长贵在行动。

孝顺的要求之一，就是要保护好自己的身体，保护好父母尊长的身体。身体是精神的载体，是人生事业成功和生活幸福的基础。自己健康免得父母尊长担忧。父母尊长健康，增加他们的快乐。安全放在第一，生活需要规律，饮食讲究合理，锻炼安排科学，工作切勿劳累，休闲杜绝熬夜，远离不良嗜好，养成健康习惯。身体发肤，受之父母；健康所在，事业舟车。父母最担心的就是子女的身体，子女最担心的也应该是父母的身体。俗话说得好，有什么都不要有病，缺什么都不要缺健康。

孝顺的要求之二，就是态度要端正，就是毕恭毕敬、好言好语、和颜悦色。态度问题的实质是父母尊长在自己心中的地位问题，是父母尊长值不值得孝顺的价值判断问题，父母尊长有多重，是泰山还是鸿毛，是财富还是累赘？有的人有奶就是娘，母亲老了没有奶了就不当作娘了，父亲老了为子女做不了什么贡献了就不当作爹了，在尊长面前说话口气生硬，态度傲慢无礼，脸上不见笑容，甚至还有更为可恶的言行，都是需要引以为戒的反面教材。

孝顺的要求之三，就是遵守社会规则。生老病死，婚丧嫁娶，衣食住行，吃喝拉撒，言行举止，都要符合法制、习俗和道德等规则。无违就是不得违背礼制规则，父父子子就是要符合礼制规则。丢开礼制规则，就不会有幸福快乐。离开礼制规则，物质财富精神财富再丰富，也无法享用，财富转化不成生活。尊长健康时好好孝顺，尊长生病时好好看病，衣食住行，都在细节之中。

孝顺的要求之四，就是要和父母尊长保持经常性的联系，常通信息，常致问候。工作再忙也要给父母尊长报一声平安，旅途再远也要给父母尊长捎一封家书，生活再苦也要给父母尊长说一句祝福，有时间就打一通电话，不繁忙就看看视频。一个微笑，一句您好，一声我想您，都是父母最需要的珍贵礼物。这样的礼物，不需要花钱购买，不需要出力劳动，只需要有孝顺父母的心。讲讲你的工作，说说你的生活，聊聊你的朋友，唠唠你的同事，谈谈你的心情，没有什么严肃的话题，不需要进行任何准备。亲密无间的关系是靠点点滴滴的言行铸就的，时间和距离都阻挡不了发自内心的思念，山高和水长都改变不了肺腑流露的真情。

孝顺的要求之五，就是善于倾听父母尊长的意见和建议。父母尊长走过的桥比年轻人走过的路还长，吃过的盐比年轻人吃过的饭还多，各色人等样样见识过，各类事情件件经历过，人生经验非常丰富，这是最为宝贵的财富。子女晚辈遇事要多和父母尊长商量，多征求他们的意见，工作上的事，生活中的事，单位的事，家里的事，孩子的事，大人的事，交朋友的事，处同事的事，没有什么局限，当作平时聊天，也许父母的一颦一笑，就能让你顿时豁然开朗，也许父母的一言半语，就能给你重要的启迪。

孝顺的要求之六，是竭尽全力，毫不保留，全心全意，完全彻底。花钱能解决的事都是小事，出力能解决的事都不是大事，自己能办到的事都是简单事，有朋友能办到的事都不是复杂事。绵薄之力，情义悠长。树欲静而风不止，子欲养而亲不待；有生之年不尽力，莫等身后成遗憾。物质力量，精神力量，身体力量，对父母尊长全力以赴，有多少就用多少。活在当下，无须过于担忧自己，无须考虑将来,将来自然会有将来的办法;遇山开路,遇水搭桥,相信自己的能力。

孝顺的要求之七,是提倡广义孝顺,力戒狭义孝顺。不仅仅要孝顺父母,还要孝顺尊长。有血缘关系的尊长,有亲戚关系的尊长,有职业关系的尊长,没有任何关系的尊长,都要有一颗孝顺的心。该出力的出力,该出钱的出钱,该尊敬的尊敬,该顺从的顺从。孔子对乡间年老的"杖者"(拄拐杖的老者)都无比尊重,尊老爱幼是人之美德。俗话说师恩浩荡,老师教学生学问,教学生做人,甚至还帮助学生的生活、就业和工作,为人学生者特别不能忘记孝顺恩师。

孝顺的要求之八,就是父母亡故,要办一场葬礼,不一定豪华,一定要真诚和悲哀,念父母之恩,痛哭流涕,悲痛不已。不仅要慎终,把亡者丧事办好,还要追远,还要学习先祖的优秀智慧,定期祭祀先祖,追念先祖的恩德。祭祀先祖,最重要的是有一颗诚挚的心,心里没有感激,没有思念,没有悲伤,眼前没有先祖的音容和功绩,耳中没有先祖的教诲和叮嘱,没有一点感恩,仅仅是例行公事一样点香烧纸上贡,祭祀时候有说有笑,像得了多大的喜事一样,这样的祭祀没有任何意义,徒有其表,不如不祭祀。

孝顺的要求之九,就是与父母尊长同心同德,心往一处想,劲往一处使,把父母尊长的事业当作自己的事业,想方设法帮助他们完成自己的心愿。事业的成就,是所有人的幸福和快乐。和父母齐心协力把一件事情办好,给父母增加内心的愉悦,这比给父母购买任何礼品都更有意义。尊长去世后,要继承他们的遗志,继续致力于他们尚未完成的事业。事业尚未成功,晚辈仍需努力。父母尊长生前的朋友,是留给晚辈的宝贵财富,要珍惜,要重视。

孝顺的要求之十,就是要善于讲述父母尊长的故事,表彰他们的善心善意善行善举善业善绩。雁过留声,人过留名。百年之后世界还能记着他们,念着他们的好,是每个人都有的愿望。福如东海长流水,寿比南山不老松,万寿无疆,永垂不朽,都是表达的这个意思。身体可去,精神永存。音容可去,事迹永存。即使人去世了，他们生前立言立德立功，是他们永远的丰碑。让他们永远活在人们的心里，让他们流芳千古，永垂不朽。

孝顺的要求之十一，要经得住考验，越是困难的时候，越是条件不充足的时候，越是有阻力的时候，越是有杂音的时候，越要坚持，越要坚定，将孝顺进行到底。把简单事办好容易，把复杂事办好难。把力所能及的事办好容易，把困难重重的事办好难。把有条件办的事办好容易，把需要创造条件才能办的事办好难。考验不是在平时而是在关键时刻，不是在顺利时而是在坎坷时，不是在一片欢呼时而是在克服阻力时。经得住考验，才是真正的孝顺。

孩子，希望你把理论转化为实践，把语言实践成行动，用实际行动去孝顺尊长，获得无尽的智慧和巨大的力量。

祝愿你高尚、健康、进步、快乐。

父亲
2019 年 9 月 5 日

第㉑封信
忠诚就是人生的大别山

亲爱的孩子：

  前天是中秋节，十五的月亮十六圆。昨天上午我在社旗游览了赊店古镇，参观了山陕会馆。午饭后经唐河到桐柏，夜宿淮源镇。今早 7:30 就到了淮源风景区，大门口售票的师傅特别叮咛，景区全是山路，蜿蜒陡峭，游览这个景区一要车况好，二要技术高，提醒我要特别小心。这是一位非常称职的工作人员，相信他的事业和生活都会越来越好。他忠诚于他的职业，忠诚于景区，忠诚于游客，游客的安全和景区的利益是一个共同体。

  太白顶上的雾很大，据说是一年 365 天基本上天天大雾，今天的能见度估计仅有 10 米左右。从停车场登太白顶，有两条路，右边的路多数地段是 60 度以上的陡坡，有那么一截路坡度超过 80 度了。左边的路要平缓好多，盘山而上。山顶平缓，有一块面积大约三四十平方米的白色石头平台，石台的侧面刻着"太白云烟"四个大字，也能算作书法。传说太白金星曾在这里炼丹修行，所以得名太白顶。抛开神仙传说，也许太白顶这个名字就是因为山顶这个石台的颜色而得的吧。

  紧靠着石台的是云台禅寺，寺里有好几个清修的和尚，寺的后院还有不小的建筑项目正在施工。云台禅寺出了个印恭法师，印恭法师写了一部太白地理，开创了和尚研究地理的先例。印恭法师俗名盛祥麟，1930 年出生，随州人，1952 年剃度，1985 年重返太白顶，结茅定居，农作禅修，潜心佛学。他 1986

年完成《白云山志》,对太白顶方圆数十里的山脉、峰峦、洞岩、溪潭、异石、墓塔、物产、寺庙等进行了实地考察,记述较为详细,具有较高的地理价值。印恭法师为弘扬佛法艰苦奋斗,研究佛经,寻找最佳寺址,布局太白山寺庙格局,著书立说。他忠诚于如来佛,忠诚于信众,忠诚于云台寺,忠诚于太白顶,忠诚于桐柏山。他的忠诚是和尚学习的榜样,也是世俗学习的榜样。

太白顶为桐柏山最高峰,海拔1140米,横跨两省,分属桐柏随州,位于桐柏县城西15公里、随州市区北75公里、是千里淮河的发源地。我不知道桐柏山和秦岭是什么关系,有人说桐柏山和大别山属于同一个山脉,也许就是这样吧。秦岭淮河是我国最重要的地理分界线,它把中国分成了南方和北方,分成了亚热带季风性湿润气候和温带季风性气候。大别山南北两侧的气候和景观更是大不一样,大别的意思就是巨大区别。

人生也有一个重要的分界线,就是忠诚。

俄罗斯总统普京,出生于平民家庭,从一个普普通通的克格勃,一步步走进权力中枢,最终成了俄罗斯人心中的普京大帝。他身上有很多优点,其中最大的优点就是忠诚。圣彼得堡大学教授索布恰克是普京的恩师。大学经济系毕业后普京选择了克格勃。不久索布恰克也弃教从政,1989年竞选成功担任了圣彼得堡市市长。普京投奔恩师,索布恰克力排众议安排他从市长助理做起,直到第一副市长,他是恩师的得力助手。索布恰克是叶利钦的死对头,叶利钦上台以后,对索布恰克百般打压。索布恰克市长落选,普京也果断地辞去了副市长职务,按照索布恰克的要求到莫斯科去发展,担任了俄罗斯联邦安全委员会秘书。当普京得知叶利钦要把恩师投入监狱后,危难之时,他没有明哲保身,而是挺身而出,冒着丢掉大好前程、被处以叛国罪的危险将恩师秘密送到了法国。普京到叶利钦总统办公室自首,把事情的起因、经过和后果和盘托出,他说:"总统,我辜负了您的栽培,但他是我的恩师,我必须这样做!""我宁愿因为忠诚而被绞死,也不愿为了偷生而背叛。"叶利钦非常欣赏普京的忠诚,说:"你让我感到高兴的是,我几次故意当着你的面说索布恰克的坏话,你却从来没有附和过一句。这非常难能可贵,因为在这个世界上,在政治和经济利益面前迷失自我,拍马屁甚至出卖朋友的人太多了。今后还有更重要的担子让你挑呢!"普京的忠诚品质,不仅征服了叶利钦,也征服了俄罗斯人民,20多年了,他成了俄罗斯人民不能离开的主心骨。

假如普京当年没有选择忠诚,他顶多也就是俄罗斯的一个高官,说不定会沦落为一介平民,是无论如何成不了大帝的。

忠诚就是人生的大别山,忠诚不忠诚绝对是两个境界、两种人生、两种结局。

越是在人生和事业的高处,越要绝对忠诚,不要因为太白云烟遮挡眼睛就看不了多远,就忘记云台禅寺里的如来佛祖、菩萨和罗汉,忠诚用的不是眼睛,忠诚用的是内在的慧心。

人生就像旅游,做事就像登顶。没有一次旅游是轻松的,没有一条道路是轻松的。选择陡峭能少走距离,却要付出更多的艰辛。选择平缓能少出力气,却要走更多的距离。物理学上功的原理是省力不省距离、省距离不省力,$W=F \times S$。用到做人做事做学问上,决定功的就不仅是力和距离了。人生幸福、事业成功、学业有成的首要因素是忠诚 l(loyal),忠诚于人,忠诚于事,忠诚于科学;距离转化成了恒久努力坚持的时间 t(time);至于个人的能力,只能放在末位。

$W=l \times t \times F$,这就是人生成功的公式。

从太白顶下山,向东南方向前进,二十多分钟就到了水帘寺,水帘寺背后的陡坡之上有一个水帘洞,洞口开阔,洞内宽敞,洞顶山上一道清泉飞流直下,呈帘状散开,煞是好看。水帘洞右侧山坡上散布着几十只像极了真猴子的人造水泥猴子,半坡处有一块相对开阔的平地,据说是吴承恩构思西游记处。据有人考证桐柏山是孙悟空的花果山原型,鲁迅曾说,淮河水妖巫支祁是孙悟空的原型。吴承恩曾经担任过新野县的县令,任职期间多次游历桐柏山,这里的风景和传说都给吴承恩提供了创作不尽的灵感和遐想,后根据"禹王锁蛟"故事和当地多处地名、传说加以丰富和艺术加工,最终完成了那部名扬天下的巨著《西游记》。《西游记》中的地名水帘洞、通天河、放马场、太白顶等与桐柏山的地名高度一致,有《新野县志》为证。

洞为水帘洞,寺以洞为名。一进水帘寺的山门,映入眼帘的是一副精彩的对联,书法功底深厚,内容发人深省:"天雨虽宽不润无根之草,佛门广大难度不善之人。"忠诚是做人的根本,善良在忠诚的基础上产生。一个人如果没有了忠诚,如来佛祖都救不了他的命运。

但凡名山大川,定有惊人之处。所谓浪得虚名,总是高手谦虚。云台禅寺里的一副对联,富含哲理,值得深思:"云中有寺寺下有云自古高即不高不高则高,台上有顶顶上有台从来是也不是不是亦是。"心存敬畏,忠诚是所有思绪的定海神针。万般人品,唯有忠诚为大。

孩子,庄稼地里杂草少,行善之人吉庆多。除掉地面杂草的最好方法,是开垦为田播种粮食和栽培鲜花。保证心灵幸福的最好方法,是加强修养广结善缘。内心一旦被忠诚占据,就能驱除所有的邪恶。希望你把忠诚两个字深深铭刻在心间,在你的一言一行一心一念一举手一投足中,无论大事还是小情,无论群聚还是独处,都要把忠诚贯彻到底。诸多竞争,唯有忠诚常胜利。

祝你播种耿耿忠心,收获似锦前程。

父亲

2019 年 9 月 15 日

第㉒封信
做人必须忠诚，不可存有二心

亲爱的孩子：

夜深人静，思绪起伏，难以入眠。还想继续和你谈谈忠诚这个话题。

孔子对老子的崇拜源于内心对老师的崇敬。他深情地说，老子确实是我的好老师。他把老师比作龙："至于龙，我却不能够知道它是如何乘风云而上天的。老子，其犹龙邪！"

华罗庚是我国当代著名数学家，他常说"我能取得一些成就，全靠我的老师栽培"。1949年，华罗庚从国外回来，就马上回到金坛县看望他的老师王维克，作数学讲座时进出会场，他总是走在王老师后边，安排主席台座席王老师总是坐在上座。

古今中外，越是有成就的人就越是忠诚于自己的老师，越是忠诚于自己老师的人就越有成就。"博学之，审问之，慎思之，明辨之，笃行之"，都是建立在对老师和科学的忠诚基础上的，老师是科学的化身和代言人。

做人必须忠诚，不可存有二心。

从尧舜禹时代到如今，无论官方还是民间，无论政府还是企业，无论主仆还是朋友，无论上下级还是师徒，评价人的标准历来都离不开德才兼备，并且从来就是把德字放在才字前头的，品德是衡量人的首要标准，才能只能算作第二位的因素，次要的因素。品德有社会公德，有家庭美德，有个人私德，有政治操守，有职业道德，在所有美德中，忠诚是最美好的品德，二心是最恶劣的品德。上下五千年,以孝治天下。尧舜禹都是大孝。舜帝是盲人的儿子,他的父亲愚笨继母凶狠弟弟蛮横,好几次谋害舜帝,他能做到不计前嫌,孝感动天。父母是唯一的,对他们绝不可以有二心。扩展开来,每个人,天地君亲师都是至亲至近的人,必须绝对忠诚,绝对不可以有二心。

忠诚是更高形式的守信,忠诚的实质是维护现有的社会秩序。君君臣臣,师师生生,朋朋友友……不越雷池一步。

社会对忠诚的回报是个人事业的繁荣昌盛,是个人利益的蒸蒸日上,是个人名誉的无上光荣。只要把自己该做的事情做好,安分守己,忠心耿耿,面包会有的,事业会有的,前途会有的,荣誉会有的,光环会有的,鲜花掌声笑脸都会有的。反之,一个人如果丢掉了忠诚这个优秀品质,心有不诚,一切归零;众叛亲离,无人问津;耻辱加身,臭不可闻;终究贫穷,乞讨无门;刀斧枪箭,害了性命。1932年5月,居里夫人参加华沙镭研究所建立剪彩大型集会,她凭借自己两度荣获诺贝尔奖和对人类的卓越贡献理所当然地成了焦点人物,出席集会的大人物们都是围绕着居里夫人打转,前呼后拥好不威风。但是居里夫人并没有把这些大人物们对她的崇敬放在心中,她环视会场,一眼就认出了她小时候的老师。居里夫人当即从主席台上下来,一路小跑,带着感恩的心,穿过参加集会的人群,来到一位坐轮椅的老妇人面前,深情地亲吻了她的双颊,亲自推她走上了主席台。与会人员无不感动,会场响起了阵阵掌声,老人看到自己的学生这么有出息也热泪盈眶。居里夫人的法语老师出生在法国北部的一个小镇,重游故乡是她的愿望,囊中羞涩是她的心病,希望渺茫是她的料想。居里夫人在法国了解到这一信息后,主动邀请老师,支付了老师重游故里的一切费用,老师居住在居里夫人家里的时候,她的热情接待和悉心照料,使老师感到就像是在自己家里一样幸福。一个人,学习不忠诚于老师,工作不忠诚于单位,生活不忠诚于朋友,他的前途就是什么都看不到,黑洞洞的,漆黑一团。

忠诚就要做到严守人伦。孔子说:"非礼勿视,非礼勿听,非礼勿言,非礼勿动。"凡是有损老师和领导形象、利益、发展的影像、图片、文字、声音、事情和人,都坚决不看、不听、不说、不做、不理睬、不打听、不相信、不传播。这是最起码的要求,是底线,是红线,是高压线,任何时候任何场合都不能违背不能触碰。更高一个层次的要求,是要坚决地勇敢地与这样的人和这样的事作毫不妥协的斗争。《论语》记载,叔孙武叔有一次当着子贡的面诋毁孔子,说孔子的本领没有子贡那么大,子贡很忠诚,不允许任何人说自己老师的不好,哪怕是为了表彰子贡自己,他当时就和叔孙武叔进行了针锋相对的斗争:"无以为也,仲尼不可毁也。他人之贤者,丘陵也,犹可逾也;仲尼,日月也,无得而逾焉。人虽欲自绝,其何伤于日月乎?多见其不知量也。"如果说别人是丘陵,那么孔子就是日月,日月是不可以超越的。有的人不自量力诋毁日月,一点都影响不到日月的光辉。还有一次陈子禽对子贡说:"子为恭也?仲尼岂贤于子乎?"子贡也进行了针锋相对的斗争:"君子一言以为知,一言以为不知,言不可不慎也。夫子之不可及也,犹天之不可阶而升也。夫子之得邦家者,所谓立之斯立,道之斯行,绥之斯来,动之斯和。其生也荣,其死也哀,如之何其可及也。"话不能乱说,孔子像青天一样崇高,无论使用多高的梯子都登不上青天。孔子治大国如烹小鲜,生为世人崇敬,死为世人怀念,人怎么能和孔子比伟大呢?子贡能成为孔门十哲,能成为儒商鼻祖,与他的可昭日月的耿耿忠心是分不开的。

忠诚就要做到无以有己。老子这样叮嘱孔子:"聪明深察而近于死者,好议人者也。博辩广大而危其身者,发人之恶者也。为人子者毋以有己,为人臣者毋以有己。"头脑聪明善于思考,学问广博能言善辩,如果喜欢议论他人是非、寻找他人毛病,一样会危险加身。与人相处不能光想自己,要多替领导和尊长想一想才有前途。学生和老师,下属和上级,利益与共,休戚相关,一荣俱荣,一损俱损,学生没有老师的教导和帮助之外的特殊利益,下属没有上级领导和指点之外的个人功名。学生本来就必须和老师、下属本来就必须和上级同心同德,同甘共苦,同进同退,同舟共济。不要天真地去谋求本来就不存在的额外的私利,不要幼稚地去博取本来就不存在的特别的荣誉。谁做不到"无以有己",谁的结局就只能是"近于死""危其身"。

忠诚就要做到不挑毛病。当学生开始挑老师毛病的时候,当下级开始指领导缺点的时候,当朋友开始找友人过错的时候,二心二德早就萌发了,已经生长了。老师一心教育你,上级一心提携你,朋友一心帮助你,他们身上那么多的优点那么多的好处你看不到,那点鸡毛蒜皮的无妨大碍的小毛病,你不仅看得清楚,而且放得够大,这简直就是吹毛求疵嘛,简直就是无端找事嘛,这分明就是二心二德嘛。当然了,金无足赤人无完人,老师、领导和朋友都是人,人非圣贤孰能无过,真有不对之处,也不应该回避。不回避,正确的态度要像子路问事君时候孔子教导的那样:"勿欺之,而犯之",不是回避和欺骗,而是指出和帮助。不回避和挑毛病不是一回事,挑毛病是把本来就算不上事情的事情当作事情,是把小事情当作大事情,是把事情当作老师、领导和朋友自己的事情,是抱着看笑话的态度说事情,是为了贬低对方形象说事情。不回避是把问题当面指出来,认认真真地研究和讨论,当作自己的问题,是为了解决问题,是为了提高对方形象,是为了工作成功,是为了事业发展,不是指责和批评,主要是提供解决的思路和办法。当然了,自己感觉是个问题也未必真的就是个问题,也许是因为立场不同、角度不同、高度不同,自己暂时还理解不了而误以为是个问题。如果是这样,那就更应该虚心请教。无论是指出问题,还是请教问题,都应该讲究方式方法,一定要选择合适的时间,选择合适的地点,选择合适的场合,切不可在大庭广众之下进行,以免造成不必要的误会和意料不到的后果。有一次校长召开班主任会议,学生纪律混乱,上课时候说话的,吃东西的,照镜子的,看小说的,串座位的,递纸条的,各种怪现象都有,校长放下狠话,说自己曾经做过多年班主任,如何有成就,如何善于管理班集体,又说要求班主任坐班,不准回宿舍,一天三签到,离开学校要履行请假手续,等等,甚至放下狠话:"学校对大家不薄,谁要不想干,谁就放下别干了,你不干我干。"有一位班主任当场就说:"班主任坐在办公室班里就纪律好了吗?整顿要想别的办法。你自己干吧,我不干了。"你看这一军将的,校长当下就下不了台,脸色很是难看。后来,这个班主任的日子也很不好过。如果等到散会后再单独沟通,那该多好啊,对工作,对领导,对自己,都是有利无害的事情。

忠诚就要做到没有怨言。上级给你多安排点工作,要欣然接受,用心做好。这次安排的工作完成得漂亮,下次就有更重要的工作和更重要的岗位在等着你。这次不努力完成,这次可能就是最后一次。多安排工作,是上级对你的信任,是对你工作能力的肯定,是给你的锻炼机会,是你自己提升本领的阶梯。实际生活中,有的人理解不了上级的用意,不懂得上级的青睐,满腹牢骚,满嘴怨言,总觉得这是在欺负自己,这是不对的。要知道,能干这些工作的,不仅仅是你自己,你有抵触情绪不想干的这些活儿,正有许多人在想方设法争取这个机会,你得到这个机会了,就意味着别人没有争取到这个机会,还会有好多人在一旁羡慕你嫉妒你呢。没有无缘无故的青睐,没有随随便便的信任,没有凭空而来的工作,没有从天而降的机会,没有不经过锻炼的提升,没有与生俱来的本领。自己努力了,自己奋斗了,人品和能力得到了社会和他人的认可,这是多么光荣的事情啊。要珍惜自己的信誉,要像鸟爱护自己的羽毛一样爱护自己的形象,要善于把握和利用上级给予自己的锻炼机会,要勇敢地抓住机会通过勤奋和付出发展自己。对待工作,对待上级安排的工作,不分分内分外,一概不应该有任何怨言。这既是对上级的忠诚,也是对工作的忠诚,更是对自己的真正的忠诚。

再三叮咛,牢记忠诚。切切,万万。离开了忠诚,能力就一文不值。万万,切切。

孩子,殷切希望你忠诚做人,也热切盼望你大器早成。

父亲
2019 年 9 月 16 日

第23封信
做人要讲原则，不能做好好先生

亲爱的孩子：

《三国演义》里那个水镜先生司马徽是汉朝末期的名士，身居荆州，未得明主，韬光养晦，不求显达。他装疯卖傻，左右逢源，回避矛盾，谁都不得罪。无论别人问他什么，他都是一个劲儿地只说：好好好。有人在路上问他最近身体好吗，他说好好好。有朋友到家里给他说儿子死了，他说好好好。有人请他鉴别人才，他说好好好。有人错把司马徽家养的猪看成自己丢失的猪，司马徽说好好好。后来那人丢的猪又找到了，把猪给司马徽送回来，司马徽说好好好。邻居要借他家的蚕板，他说好好好。有人说司马徽不应该倒掉自己家的蚕把蚕板借出去，他说好好好。他的妻子劝他说："人家儿子死了，你应该表示悲痛。人家有疑问，你应该给人家分辨清楚。自己家也正在用蚕板不该借出去。你不能什么都是光说好好好。"司马徽回答说："你这话说得好好好。"所以人们都叫他好好先生。这也是好好先生这个词语的来历。

现实工作和生活中，不少人的信条是多栽花少种刺，因为害怕得罪人，说话这也好那也好各方面都好，你也好他也好所有人都好，不尊重基本事实，不坚持正义原则，不分对错是非，和了一摊稀泥，保持一团和气。结果是好人得不到表彰，坏人受不到批评，正义得不到匡扶，影响了工作学习，污染了社会风气。老好人实际上是老坏人，好好先生实际上是坏坏先生。

其实，人人心中都有是非观念，人人心中都有道德标准，好好先生也是揣着明白装糊涂,水镜先生是三国时期最有学问最识大体的聪明人,他对时局和各路英雄都看得一清二楚,他根本就是装疯卖傻。

坚持原则,伸张正义,这不是得罪人,也得罪不了人。

做人要讲原则,不能做好好先生。

坚持原则的实质是讲道理。人生在世,凡事都得讲个道理,一切都得符合道理,要处理好义和利的关系。大宋宰相赵普很讲道理,不分亲疏远近。有一名官员按照规定应该提拔了,但是宋太祖对他看不顺眼,坚决反对。赵普说:"赏罚分明才能天下太平,罪恶必须惩罚,功劳一定赏赐,怎能感情用事?"太祖更加愤怒,赵普坚持到底,最终太祖同意了。祖吉做官腐败蹲了监狱,太宗讨厌他不讲卫生,说:"大赦时可以特地不赦免祖吉。"赵普上奏说:"大赦天下一视同仁,不能因为祖吉邋遢就破坏了规矩。"太宗收回了成命。赵普讲原则连皇帝都不惧怕得罪,我们讲原则还害怕得罪谁?坚持正义,始终和道理站在一起,这就是讲原则。

坚持原则的人形象高大。终日言不及义好行小惠,做什么事什么事失败,处什么人什么人有怨言。你不坚持原则,今天照顾了违反原则的人,明天他会一肚子不满,会怨恨你偏心太重。你坚持原则,今天对违反原则的人说了"不"字,让他付出了违反原则应该付出的代价,也许近期内他会耿耿于怀,会想着你不近人情,甚至会恼怒,但是从长远来看,你已经在他心中树立起了一座正义的丰碑,他会觉得你这个人办事挺正派挺公道从来不徇私情。只有享受了你的偏心的人才知道你的偏心有多重,也只有领教了你的公正的人才知道你办事有多公正。如果你想左右逢源,结果只能是里外不是人。如果你想讨好所有人,结果是所有人都不在乎你的存在。

讲原则,也要讲究策略和工作方法。实际上,毛泽东也很善于团结与自己意见不同的人。他说,不仅要团结与自己意见相同的人,也要团结与自己意见不同的人,甚至那些反对过自己并被实践证明是犯了错误的人。有人批评林肯总统对待政敌的态度:"你为什么试图让他们变成朋友呢?你应该想办法打击他们,消灭他们才对。""我们难道不是在消灭政敌吗?当我们成为朋友时政敌就不存在了。"林肯总统温和地说。这就是林肯总统消灭政敌的方法,将敌人变成朋友。"对任何人不怀恶意,对一切人宽大仁爱,坚持正义,因为上帝使我们懂得正义,让我们继续努力去完成我们正在从事的事业,包扎我们国家的伤口。"

人情永远不能凌驾于道理之上,永远不能凌驾于制度之上,永远不能凌驾于法律之上。所有的利益都必须在原则范围内谋取,超出了这个范围就成了不义之财。盛唐裴光德坚持原则拒谋私利堪称榜样。裴光德在宰相府当官时,有老朋友来拜访,这个老朋友是个不小的地方官。他安置朋友在家中,盛情招待,叙旧聊天,研讨儒家经典,无拘无束。朋友请他在京城谋个官做,裴光德对他说:"我不敢因为老朋友的私情而败坏了朝廷的制度。"

小恩小惠,成事不足。子产主政郑国时,曾经用自己乘的车去帮助百姓渡河。孟子看不起这种行为,说这是小恩小惠,不是从根本上解决问题,应该抓紧时间架设桥梁,走人的桥、行车的桥都架好了才能够从根本上解决老百姓的过河问题。国家那么大,人口那么多,精力有限,时间有限,不可能去讨每个人的欢心,不可能让每个过河人都使用子产的乘车。子产是法家的先驱,在春秋时期他比谁都更重视规章制度的建设,他是中国历史上第一个将刑法公布于众的人,他制定并严格执行了田洫制度、丘赋制度等很多规章制度。他一方面照顾和团结大贵族,一方面对违反刑法和其他制度的贵族果断惩处,以维护政府威信。不用制度规范人,不用原则要求人,仅仅依靠小恩小惠是不行的,不用说小惠未遍民弗从也,即使小惠普降,不从根本上解决问题,没有了道义,没有了规矩,人们也是不会答应的。人民群众有无穷无尽的智慧,他们看问题迟早会抓住根本,抓住要害的。

不讲原则,行之不远。一味强调灵活性,强调变通,丧失了原则性,所办的事情结局只能是稀里糊涂,人生就成了一团糨糊。

孩子,希望你在工作、学习和生活中都能坚持原则。

祝愿你在大家心中形象威重。

父亲

2019 年 9 月 20 日

第㉔封信
做人要乐观，要拿得起放得下

亲爱的孩子：

今天是伟大祖国 70 华诞，举国上下都沉浸在节日的喜悦中，让我们一起祝福我们伟大的祖国繁荣富强。

妈妈想让我给你谈谈心态，她以为心态问题至关重要。妈妈说心态决定高度，心态决定成败，心态决定生活得幸福不幸福。

我想先给你讲一个故事。相传一个小和尚每次坐禅时都能看到一只肥大的蜘蛛在眼前织网，用什么办法都不能驱离。老和尚要求小和尚坐禅时手里握一支笔，在打扰他坐禅的那个蜘蛛身上作个标识。小和尚依计而行，最后发现自己所做的标识就画在自己的肚皮上。小和尚恍然大悟，蜘蛛在他心里，是因为心不宁静而难以入定。心态问题，首先是一个内心宁静的问题，排除一切杂念，保持安然静谧。诸葛亮说，宁静方可致远，宁静才能把奋斗进行到底，宁静才能一以贯之地追求，宁静才能吃得苦中苦，宁静才能不为外界干扰，宁静才能成功，宁静才能把理想变成现实。

心态问题，还是一个乐观的问题。宁静是基础，在宁静的基础上，要追求豁达。

做人要乐观，要拿得起放得下。

最好的心态是乐观，最好的心态是进取，最好的心态是开朗，最好的心态是自信，最好的心态是放得下和放不下的统一。

对自己、对他人、对事物、对世界充满信心,相信一切都会变得越来越好。巴金是这样定义乐观的:"她永远保持着她的乐观,她的愉快的心情,她的勇气,她的欢笑。"艾青这样叙述乐观的理由:"我很乐观,因为感伤并不能把命运改变。"一位老先生在他80岁寿辰上说,人生幸福80%来自家庭幸福,家庭幸福80%来自婚姻幸福,婚姻幸福80%来自宽容和理解。他说:"我们婚姻幸福,在于我始终坚持只原谅老伴儿的三项缺点,三项中的任何一项,无论她什么时候犯都必须原谅,我都要和她好言好语地讨论。我有决心,如果超过了三项,我一定要和她大吵大闹。"有祝寿的亲朋好友问是哪三项,他不假思索地说:"我也不知道是哪三项,每当她做错了事惹我生气的时候,我就数一数这次她犯的错误够不够三项,50多年了,她从来没有犯够三项错误。我要感谢老伴儿长期以来的陪伴和照顾,是她给了我幸福的生活。"世上本无事,庸人自扰之。人生的事10%是原生的,90%是原生事件引起的反应。有了乐观的心态,做出了良好的反应,始终相信事情会向好的方向发展,始终相信自己面对的是最真诚最友善最值得信赖的人,心情就能愉快,寿命就能增加,幸福的长度、宽度、深度就可以得到意想不到的延伸。充满信心,又要明白任何事情都不会自动向好的方向发展,只有我们努力了奋斗了付出了辛苦了才会越来越好,越来越好是用汗水进行的等价交换。忘掉一切烦恼,相信越来越好,又要有信心,又要肯努力,这就是放得下和放不下的统一,放得下烦恼,放不下奋斗。

　　心态问题根本上是一个思想问题,是一个思想上想通想不通的问题。苏格拉底面对性格暴躁、喋喋不休的克桑蒂贝,泼他一身脏水他还在幽默着他的幽默,当街撕掉他的衣服他还反驳朋友的挑唆,唠唠叨叨到亲生儿子都受不了啦他还能表示自己喜欢,这是多么好的心态呀!可是,我们应该想一想,这样的好心态来自哪里?根源在于苏格拉底在思想上彻底想通了夫妻生气是夫妻亲密关系的另一种表现,想通了那棵普普通通的树是他生活的依靠,想通了克桑蒂贝是一个非常关心自己生活、非常支持自己事业的优秀妻子。如果把泼脏水和撕衣服都看作是对自己人格的羞辱和对自己尊严的挑战,接下来的肯定就是拳脚相加，别无二途。不从思想上从根本上解决认识问题，对人对事就不会有好的心态。

心态问题还是一个关注点的问题，是关注事物的这一个方面，还是关注事物的那一个方面的问题。世界之大无边无际，事物复杂无奇不有，众生百态形形色色，工作繁多方方面面，过程演进千变万化，你拥有什么样的心态，要看你此时此地关注的是哪个方面、哪个角度、哪个环节。一个病人站在你面前，他身上那么多的优点，那么强烈的健康欲望，那么顽强地与病痛斗争，对医生那么尊重，对医院那么信赖，那么严格地执行医生的安排，那么自觉地配合医生的治疗，如果这些优点你都看不见，只是看到他这次没有洗手，那次没有按时吃药，还有一次过早地下了病床，并且把这些有时发生的缺点放大，你肯定是乐观不起来的，你肯定会觉得这个病人是没有治疗前途的。世界本来有白天也有夜晚，有光明也有黑暗，即使是夜晚和黑暗，也是世界的风景，也是人生的必需。如果一个人一生都是生活在没有夜晚的白天里，必定会痛苦不堪，这是任何人都能想象得到的结局。我们应该用我们的思维去推断事情的未来必将走向光明，因为夜晚再长也会被清晨的第一缕曙光驱散，因为我们有智慧的头脑。

心态问题还是一个方法问题。直截了当，就是用什么样的方法思考世界的问题。继而延伸，还是用什么样的方法对待人生，用什么样的方法处理事情的问题。乐观的人是进取的人，要开启新的征程，勇往直前。悲观的人是畏缩的人，要长时间在一件事情上徘徊。乐观是一种智慧的方法，是酿造幸福的方法。悲观是一种愚蠢的方法，是阻碍成功的方法。

世界这么美好，祖国这么美好，人生这么美好，生活这么美好，一切都是这么美好。所以苏轼说"百年需笑三万六千场，一日一笑，此生快哉！"苏轼在官职被一贬再贬到了差点就被杀头差点要命的时候，他不仅仅是笑了，如果只是笑，不用说一日一笑，就算一日百笑也算不得什么。苏轼的伟大，不仅在于他笑得那么乐观，更在于他笑过之后没有忘记奋斗，奋斗得是那么酣畅淋漓，硕果累累,奋斗成了唐宋八大家之一。

  查尔斯·斯宾塞·卓别林奠定了现代喜剧电影的基础,被誉为"世界三大喜剧演员"之一。在无声电影时期,卓别林戴着圆顶硬礼帽,穿着礼服的模样几乎成了喜剧电影的重要代表。在席卷全球的卓别林热浪潮下,模仿他的表演方式成了一种时髦,也成了一个重大的商机。一家表演学校组织"模仿卓别林演技比赛",报名的有三四十人,卓别林自己也换了一个名字交了报名费,他按时全程参加了比赛,比赛结果一公布,他名列第三。卓别林越来越不像卓别林了,是卓别林的演技越来越下降了,还是社会对卓别林的要求越来越高了?卓别林为他的事业始终保持乐观的心态,始终坚持不懈地奋斗,一直没有停下自己的脚步。

  乐观的生命最幸福,自信的生命最美丽,进取的生命最精彩。只有心态正确,才能超越自己,才能创造新的高度。

  关于心态,我就给你说这么多:信念和奋斗,思想、关注点和方法,乐观是智慧,要拿得起放得下。

  孩子,祝你心中充满甜蜜,脸上常有笑容。

父亲
2019 年 10 月 1 日

第㉕封信
做人要低调，不可张扬

亲爱的孩子：

"木秀于林，风必摧之；堆出于岸，流必湍之；行高于人，众必非之。前鉴不远，覆车继轨。"几乎所有读书人都知道这句古训，即使知道得不是那么全面，即使理解得不是那么深刻。这句古训所表达的思想观念就是做人务必要低调。低调做人是这个社会的普遍要求。

曾国藩初登仕途，非常高调，参劾官员过失，代练绿营官兵，要求中央给权，要挟辞官回乡，这都是他做的高调事情。结果是中央罢了他的官，夺了他的权，他只好回乡守制。守制期间想了好多道理，他开始明白了柔能克刚，写下"大柔非柔，至刚无刚"的名言，自此之后，为人低调，锋芒内敛，不再逞强。他二次出山后特别谨慎特别低调，像换了一个人似的。他不带随从，不坐官轿，灰衣小帽，独自一人到左宗棠府邸主动讲和，送给左宗棠一副对联"敬胜怠，义胜欲；知其雄，守其雌"，自认于雌，向左宗棠示弱，左宗棠回送一副对联"集众思，广忠义；宽小过，总大纲"，表示自己也有不对之处，向他低头。而后两人和衷共济，建功立业，名垂千古。上善若水，只有至柔才能克得了至刚，低调做人，懂得示弱，才是真正的英雄豪杰。

秦始皇出巡，车马銮驾，三军仪仗，文武百官，太监宫女，前呼后拥，好不威风。刘邦在咸阳服徭役时看到了这个场景，感到非常震慑心灵，大发感慨："嗟乎，大丈夫当如此也！"项羽在浙江游览时也看到了同样的场景，同样感到震慑心灵,可他却张狂地说:"彼可取而代也!"同样都是胸怀理想,刘邦的表达是那么婉转和低调,项羽却显示出了急功近利的张狂,刘邦成了大汉的开国皇帝,项羽的结局只能落一个乌江自刎。

做人要低调,不可张扬。

低调和张扬的问题,从根本上说是一个谦虚和自满的问题。懂得平和待人,懂得收敛,懂得低调做人,是个人修养程度的标志之一。

低调做人,默默工作,不张扬自己的本领,不张扬自己的成绩,给自己留下足够的空间和时间去回旋和思考,冷静应对一切突发问题,完善解决方案,提高办事成功率。看得开人性,放得下身段,不显山不露水,不引人注目,所有人都不会想到你能成功,都不担心你成功后威胁到自己,这样可以避免他人的妒忌,减少来自外界的压力和干扰。为人随和,谦让有礼,能给他人带来好心情,使人们愿意接近你;心甘情愿不吝赐教,自己能开阔视野、开阔思路,也能从他人那里获得启迪。

《孙子兵法》的智慧,"能而示之不能,用而示之不用,近而示之远,远而示之近",就是兵家的低调。调子低,不是实力低,低调的隐忍过程是为了高调的竞争胜利。乔布斯在商战中把《孙子兵法》的低调策略低调思维运用得炉火纯青,带领苹果公司取得了巨大的成功。他总是把保守秘密放在最重要的位置,不仅保守住苹果的所有秘密,同时还十分重视搜集业内的各种有价值的信息。

刘邦在位时,一个封地在太原的异姓王韩王信造反,并联合匈奴打击汉军。刘邦派间谍刺探情报,"匈奴匿其壮士肥牛马,但见老弱及羸畜",把强壮的人口和牲畜都隐藏起来,告诉刘邦"我们都是老弱病残"。匈奴凭着这种低调,创造了七日之久的白登之围,使率领20万大军的刘邦差点丢了性命。

从具体方法上来看,古代的低调不一定适合现在,外国的低调不一定适合中国。但是,从思维方法上来说,低调是放之四海而皆准的亘古不变的成功之道。

低调是人间大道,是做人的基本原则,是立于不败之地的基本方法。《老子》五千字,纵贯了中国三千年,横跨了世界五大洲:"道冲而用之,或不盈。渊兮似万物之宗。挫其锐,解其纷,和其光,同其尘,湛兮似或存。吾不知谁之子,象帝之先。"低调点,收敛起做人的锐气,解开做人的困扰,深入民间混迹于芸芸众生,在似有似无中坚持奋斗,不鸣则已,一鸣惊人。

其实,无论是谁,尤其是我们这些出身卑微的芸芸众生,也没有什么值得高调的地方。我们平心静气地想一想,谁都会明白这个道理,会写诗未必会做官,会写小说未必会科举,会写文章未必就会看病,会看心血管病的医生未必会看消化道病。你擅长诗词歌赋,有人用你写作,有人为你付费,这本身就很公道,社会已经给了你应有的尊重、评价和待遇,为什么非要做官?为什么做不了官就说自己是怀才不遇?你怀了什么才了?你怀的不是做官这个才能。社会不是只有做官这一行,更不是只有做官才高贵。

贾谊的政治主张,在他去世后一个一个都被朝廷采纳转化成了现实,为了表彰他的卓越的政治见识,汉武帝特意提拔他的两个孙子做了郡守。苏轼在《贾谊论》一文中说:"非才之难,所以自用者实难。"贾谊有"王者之佐"的大才,但是他不会使用自己的才能,导致了英年早逝。贾谊不知权衡利弊,用才迫不及待,降低形象又得罪权贵,以至于被贬离京城。苏轼站在历史的高度,直接指出了他怀才不遇的原因:"夫君子之所取者远,则必有所待;所就者大,则必有所忍。"贾谊是因为不考虑客观条件具备不具备而急于求成,没有做到"有所待""有所忍",才落得一个悲剧下场。

当然,一味低调也是不行的。低调还是高调,要分场合、分对象、分时期、分事情。分析清楚什么时候、什么事情和对什么人应该高调,不失时机地高调加上平时风格的低调,才可以在现代竞争中脱颖而出。

写到这里,我想起了作家刘墉所说的一句话:"一个失意人,能在一群得意的人中间谈笑风生、略无惭色,才是有骨气;一个得意人,能在一群失意的朋友间,让人想不到他的得意,才是会做人。"什么叫低调?一句通俗的话回答,低调就是你和大众一样工作,一样生活,一样说笑,不比大众高超,也不比大众矮小。

孩子，从低调隐忍开始努力，实现事业的高调成功，积极投身社会，默默奉献，在奉献中实现人生价值。

祝你早日脱颖而出。

父亲
2019年10月6日

第❷⓺封信
诸葛一生唯谨慎,吕端大事不糊涂

亲爱的孩子:

  清朝时候有过一本写呼家将的小说《说呼全传》,作者是谁已经无法考证,第四回中有这么一句话:"伴君如伴虎,刻刻要当心。"据说这就是"伴君如伴虎"这个成语的来历。"伴君如伴虎"这个成语,现在被解释为陪伴君王像陪伴老虎一样,随时有杀身之祸,指大人物喜怒无常。这只看到了老虎凶残的一面,而老虎友善的一面呢?完全被忽视了。

  老虎是大型食肉动物,在亚洲没有天敌,处在食物链的最顶端,老虎是地地道道的山中大王,就被人们想象成了权力和勇猛的象征。大山里的食物是足够丰富的,老虎一般是不会到人类的居落捕猎食物的,尤其是一般不会吃人和牲畜,偶有吃人发生,不是害群之老虎所为,就是人们侵入了老虎的领地而威胁到了它的利益。唐朝有个储光羲,他写过一首《猛虎词》:"寒亦不忧雪,饥亦不食人。百兽为我膳,五龙为我宾。彩章耀朝日,牙爪雄武臣。君能贾馀勇,日夕长相亲。"宋朝时候人们在大山里遇到老虎不是稀奇的事情,武松在景阳冈就打死一只大虫,因此还被提拔成了阳谷县的公安局长。因为古代的生态还没有受到破坏,唐朝时候见到老虎应该比宋朝更加容易,我们可以判定《猛虎词》里头所描绘的老虎性格、习惯和活动方式是真实的再现。通常情况下老虎是讲道理的动物,人不侵犯老虎,老虎就不会侵犯人。

  老虎文化是中华传统文化的重要组成部分,小说、散文、诗歌、雕塑、绘画、戏曲、民俗、传说、神话、儿歌等各种文化形式都是老虎文化的载体,中华老虎文化中像"伴君如伴虎"这样把老虎塑造成负面形象的内容是少数,最大量最主要的内容是歌颂老虎的威武,古代国家用于调兵遣将的命令信物就是虎符,能战能胜的将领被称为虎将,小孩子长得敦壮结实被形容成虎头虎脑。也有对老虎进行一分为二看待的内容,也有为应对老虎凶狠一面提供对策和方法的内容。老虎学艺这个民间故事就属于这一类。老虎虽然是山中至高无上的主宰,威风凛凛,但是尺有所短寸有所长,老虎没有爬树这个本领。传说老虎是猫的学生,很早很早以前,老虎什么本领都没有,就拜猫为师。猫老师诲虎不倦、循循善诱,虎学生虚心刻苦、学而不厌。纵、跳、蹲、扑等必修课程猫老师讲得精彩,虎学生成绩优秀。知徒弟莫如师傅,在长期的教育实践中,猫老师观察到虎学生在性格中透露着凶狠残暴的本性,为了防止受到虎学生的伤害,最终还是留了一个绝活没有传授。就在毕业前那一个学期,虎学生膨胀了,原形毕露了,翻脸不认师傅了,它一改往日对猫老师的毕恭毕敬,张开血盆大口猛然之间扑了过来,试图吃掉猫老师。猫老师早有防范,身手敏捷,纵身上树,对虎学生说:"学生再强大也是学生,老师再弱小也是老师。老师的绝招学生永远也没有。"无可奈何,虎学生蹲在树下赔上笑脸,苦苦央求猫老师教它爬树技术,猫老师断然拒绝,因此老虎世世代代没有爬树的本领。

降龙伏虎历来就是人们的美好愿望。"我是上帝派来担任百兽领袖的,所有的野兽都得听从我的调遣和安排。如果不信,你就跟在我身后行走,看看是不是所有的野兽见到我就都害怕得跑了。"狐假虎威,狐狸是这样统御老虎的。

"伴君如伴虎"这个成语简单地把老虎理解为凶残和恶毒,而看不到老虎讲理和友善,甚至忽视了老虎威武勇猛,这是不对的。

伴君如伴虎,在旧时代,这个老虎比喻的是君,是皇帝君王,最多也仅仅能扩大到王公大臣等这些大人物。其实我们应该从更加宽泛的角度上来理解这个虎字。对于我们普通百姓来说,我们必须面对的各级领导都是君,都是老虎。处长是老虎,科长是老虎,股长是老虎,就是那种没有级别的领导、小组长也是老虎。

老虎对我们的意义如何,我们如何与老虎相伴?

这是摆在每个人面前的重要问题,这个问题处理得好与不好,对自己所产生的影响又直接又深远。

古今中外,不论哪个行业,不论什么文化水平,所有的人都有一颗上进的心,都想事业成功,都想人品伟岸,都爱面子,都有尊严,95%以上都是正直的人,他们工作忠于职守,做人遵守道德;他们做下级,自己不愿意阿谀奉承,也看不起阿谀奉承之徒;他们做领导,更喜欢诚诚恳恳做人踏踏实实埋头苦干的人,最讨厌油嘴滑舌耍奸取巧的人,从心灵深处他们看不起品行不端的部下。

部下和领导相处的问题,就是我们所说的伴君的问题,伴君说到底,就是工作和沟通两个方面的问题。这两个方面,干工作是基础。优秀的业绩是领导和部下共同的追求,是双方沟通的最好渠道。把工作干好了,业绩突出,好多话不说都行,心灵自然相通,思想自然一致,当然也不是说没有沟通的必要,沟通可以实现精益求精。工作干不好,业绩一塌糊涂,就已经没有沟通的必要了,直接散伙是最好的选择。在业绩一般,不那么差也不那么突出的情况下,沟通具有非常重要的意义。

五千年文明,二十四史浩瀚,都在向我们昭示一个道理:伴君,尤其是沟通,是一门艺术。

诸葛一生唯谨慎,吕端大事不糊涂。吕端在北宋当了40年的大官,陪伴了太祖、太宗、真宗三个皇帝,始终没有遇到什么大的波折。他伴君的成功经验就是小事糊涂、大事不糊涂。在个人利益问题上糊涂,在工作问题上不糊涂,这是值得我们学习的。党项族首领李继迁,归顺北宋后又叛变,一次在与宋军的交战中,李继迁母亲被擒,太宗想处死她,大臣多数附和。吕端力主勿杀而厚待,晓以利害后太宗同意了,吕端为争取西夏的彻底归顺起了重要的作用。太宗殡天,皇后逼吕端同意立楚王为皇帝,为了避免烛影斧声手足相残,吕端硬是率领大臣保太子继位,太子坐在大殿上垂帘受拜,吕端要求卷起帘子看清楚是太子本人才肯磕拜。吕端扶持的太子就是宋真宗。这是吕端的大事不糊涂,吕端的糊涂是小事糊涂,主要是他不计较名利地位和得失升降,不在乎官职大小,主动让位给别人,他不贪不敛不置产业。国家的事再小也是大事,家庭的事再大也是小事。糊涂和谨慎,就是他们成功的伴君之道。

不便直中谏,何妨曲中求?能劝得动领导,又不伤及自己,这样的方法才是伴君的好方法。你初中时候字写得有点问题,在家练习了一年多写字,拿着毛笔字帖练习硬笔书法,好多人觉得不可思议,你却从中得到了很大的收获。用毛笔字帖练硬笔书法,这确实是练习写字的一个很管用的方法,练出来的字功底深厚,格局豁达。当时使用的字帖是唐朝人柳公权的玄秘塔字帖,使用这个字帖倒不是因为柳体楷书被誉为四大楷书之一,而是因为当时家里就只有这样一本字帖。柳公权不仅字写得好,官也做得好。柳公权三十一岁步入仕途,宪宗、穆宗、敬宗、文宗、武宗、宣宗、懿宗,侍奉过七个皇帝,顺风顺水,皇帝换来换去,自己始终不倒,做官伴君达到这样的境界,这是很了不起的本事。柳公权做官靠的不是阿谀奉承,不是吹牛拍马,不是欺上瞒下,不是见人说人话见鬼说鬼话,不是老奸巨猾,而是真本事,包括历代皇帝都喜欢的书法这个本事。柳公权劝说皇帝也很有办法。有一段时期,穆宗不太喜欢处理公务,大家批评声音不断。就在这个时期,有一次皇帝问柳公权怎样用毛笔就尽善尽美了,柳公权以书喻政,由此及彼,巧妙地进谏皇帝:"用笔在心,心正则笔正。"皇上听出来其中的弦外之音是在批评政治,是在批评皇帝心没有用正,脸色马上就变得很难看了。但是他也没有办法说什么,人家柳公权说得对呀,还说得那么委婉,给皇帝留足了面子。皇帝生气归生气,终究还是采纳了。不管什么路,直路也罢,弯路也罢,平路也罢,坡路也罢,陆路也罢,水路也罢,乘船也罢,搭桥也罢,走得通就是好路。

部下和领导相处,在该不该干某一项工作、怎样才能把工作干好等问题上难免有不同看法,沟通和交流是统一思想的不二途径。领导有领导的高度和角度,部下有部下的观点和看法,同样一个想法可以有好多种不同的表达方法。都是为了把工作搞好，都是忠言，从哪里谈起、怎样表达才能达到良好的效果？古人说，会说话儿当钱使，和领导交流需要的不仅仅是勇气，更是技巧。巧妙地交流，对领导、对部下、对工作都是有好处的。

执行纪律和制度是领导的职责所在，推进事业发展更是领导工作的核心任务。领导手中掌握着推进工作所需要的各种资源，人力、物力、财力和权力，合理分配资源，是领导保证工作取得最优效果的手段。不要人云亦云地去放大老虎的吃人功能，老虎是讲道理的，你不侵犯它的领地，你不妨害它的利益，它会勇敢地承担起保卫区域和保卫区域内所有成员的责任。不仅如此，老虎的权力，老虎的力量，老虎的威风，它是允许你借来使用的，只要你善于借威。不违反纪律制度，努力工作，所有的领导都会给予足够匹配的肯定，都会分配工作需要的资源，开发和开设工作项目，配备和培训工作人员，增加和改善办公设备，安排科研课题，拨付办公和科研经费，增加津贴、补助、奖金和福利。和领导协调好关系，就能得到领导的关心、支持、指导和帮助，这对于出色完成自己的工作，充分实现自身的价值，有着十分重要的作用。

孩子，希望你努力把工作干好，用出色的能力和一流的业绩在领导和群众中树立起高大的形象。现代社会的特点是分工精细而且明确，每个人都把自己分内的事情做好，整个社会就是太平盛世。所有的事情都是有人负责的，希望你不要去品评和干涉别人的事情。希望你要虚心和领导交流、耐心和同事交流，达成最佳的共识，以促进工作业绩的芝麻开花。

祝你的世界总是那么精彩！

父亲
2019 年 12 月 9 日

第㉖封信　诸葛一生唯谨慎，吕端大事不糊涂

大道如青天，百川终成海

第27封信
做人不能懒惰,要坚持勤奋

亲爱的孩子:

一个人可以取得多大的成就,能够达到多高的高度,最重要的不是他的头脑有多聪明,反应有多快,记忆力和理解力有多好,而是看他有多勤奋,能坚持多长时间。曾国藩是晚清的名臣,小时候有一天,他在书房挑灯夜读,要背诵一篇文章,反反复复读了好长时间,还是背不下来,只好一直读。正好这天晚上有小偷光顾曾家,在窗户外头等待时机,只要曾国藩一睡觉,小偷就可以作案了。但是曾国藩读来读去,不知道读了多少遍,夜深人静了愣是背不下来。小偷等急了很生气,直接进到书房把那篇文章给曾国藩流畅地大声背诵了一遍:"你这种笨脑子,读书真是浪费灯油了。"小偷十分生气,破口大骂曾国藩一番后扬长而去。这个小偷确实很聪明,智商高,但是他心思没有用在正地方,一辈子也就是一个小偷而已。而曾国藩却更加勤奋,他有超强的恒心和意志力,坚持每天鸡叫就起床,坚持每天熟读经典二十页,几十年如一日。勤奋和坚持把曾国藩锻造成了国家栋梁,一代伟人。

今天是你在这所医科大学报到的日子,祝贺你成为名牌医科大学心血管内科的硕士研究生。在你新的征程开始之际,我想再次谈谈勤奋、谈谈坚持。对于一切事情来说,坚持就是一切,坚持才能胜利。

有一个不值得定律。一个人如果以为所做的事情是不值得做的事情,那他就必然以为不值得为这件事情奋斗,常常冷嘲热讽、敷衍了事,认为不值得把这件事情做好。有这样一个故事，菲尔·约翰逊生前是波音公司的总裁，美国"二战"神器"飞行堡垒"轰炸机研制开发者。他的父亲一心培养他继承自己的洗衣店，而他却一点都不喜欢洗衣店工作，他觉得洗衣店工作是不值得做的工作，总是偷懒，常常旷工，拒绝做任何分外的事情，工作几乎没有正面效果。他最喜欢机械制造工作，他觉得机械制造工作才是值得做的工作，所以毅然放弃做老板的机会而做了机修工人，只要进了机械厂的大门，穿上沾满油污的工作衣，工作就如痴如醉，还经常自愿加班，主动学习发动机工作原理，工作的时候还快乐地吹着口哨，无比开心无比陶醉。

考医科大学是你自己的选择，上临床专业是你的自豪，考现在这个内科是你的追求。学习心血管诊断治疗理论和技术，将来从事心血管医疗工作，是你以为值得做的事情，希望你不忘初心，砥砺前行，把心血管医疗工作做得快乐，做得幸福，做得出色。

哲学上有一个著名的荷花定律。一池荷塘，第一天只开了几朵荷花，第二天开始所开荷花数量是前一天的两倍，第30天满塘荷花全部开放。那么请问，在第几天荷花开了一半？是第15天吗？不是，是第29天。第30天一天之内就开满了另一半。做事必须静心，有恒，厚积薄发，才能成功。每个人，无论是谁，无论处于什么位置，无论做什么样的工作，只要能做到自我控制，只要能做到坚持不懈，就一定能够挑战和颠覆自己，达到人们无法想象的高度，创造人们无法想象的奇迹。

做人不能懒惰，要坚持勤奋。

你从来没有懒惰过，向来都是勤奋的，你今天的成绩也没有辜负你往日的勤奋。今后的路还很长，事情会更多，任务会更艰巨，学习只是人生的一个方面，你要更加敬畏劳动，包括更加敬畏体力劳动，把勤奋坚持到底。

生命在于运动，幸福在于劳动，成功在于坚持。人类所有的物质财富，所有的精神财富，都是劳动创造出来的。一个人学习的成绩，工作的业绩，生活的快乐，都离不开勤奋。世界500强的企业老总王石，当过兵，修过锅炉，做过技术员,倒卖过玉米,什么苦活儿累活儿都做过。王石的发展史,就是一部艰苦的奋斗史,王石的一切都是通过坚持不懈和努力奋斗得来的。所有的荣誉,所有的利益,都要用汗水去交换。

做一个有心人,把奋斗落实在点点滴滴细小的事情上。人生没有什么大事需要我们去做,我们所面对的都是琐碎的小事。也正是这些小事,组合起来就构成了伟大的事业。治疗再大再严重的疾病,也要从一个个规范的操作做起,一项一项检查,一项一项询问,一项一项排除,一条一条陈列,一粒一粒用药。合抱之木,生于毫末;九层之台,起于垒土;千里之行,始于足下。积跬步可成千里,聚小溪即为江海,面临的小事都做好了,再大的事情也必然会成就。我刚参加工作的时候,学校大门口有个推着自行车卖冰糕的女人,生产工具很简单,一个骑了好多年的破旧自行车,一个放在自行车后座上的木箱子,箱子里还铺着一个供保温用的棉垫子,冰糕也很便宜,一般冰糕1毛钱一块,好点的也只卖2毛钱。价格才1毛2毛,利润就更加微薄了。但是呢,日积月累,每年四月到十月,她风雨无阻天天出来经营,她的邻居告诉我,她硬生生地从冰糕箱子里头掏出来一栋两层小洋楼。硕士期间,你要像本科时候一样,像高中时候一样,努力学习专业知识,细心学习做人道理,不断积累社会经验。《中庸》有这样一句话道理很深刻:"人一能之己百之,人十能之己千之,果能此道矣,虽愚必明,虽柔必强。"勤奋了,努力了,坚持了,不发展壮大都由不得自己。

心中装上美好的蓝图,把奋斗当作快乐,奋斗就是幸福的。罗曼·罗兰说:"最可怕的敌人,就是没有坚强的信念。"人生没有不辛苦的奋斗,所有的奋斗都要付出脑力和体力、汗水和精力。苦的时候,累的时候,就想一想阶段性的成果,想一想自己的价值,想一想美好的目标,硕大的成果,幸福的未来,想到这些,所有的苦所有的累就都转化成了内心的甜蜜。我做老师30多年了,备课、讲课、辅导自习、批改作业、命题、阅卷、监考、做学生思想工作,不少时候还得和学生生气,批评他们不努力学习,批评他们不遵守纪律,批评他们没有良好的习惯,烦琐的事情从来没有让我消停过,确实很累很苦。但是只要看看我的学生,看看他们取得的进步,我就会精神抖擞地投入新的工作之中,因为我要让他们都考上理想的大学。

坚信自己的工作就是最适合自己也是最好的工作,喜欢它,热爱它,无论怎么为它付出,都不会觉得疲倦和辛苦,更不会烦恼、悔恨和退缩,就会感觉到工作就是娱乐,是很轻松很快乐的事情,工作起来时间过得飞快,别人催促你下班,你工作的热情丝毫没有衰减,你还想继续你的"娱乐"。所谓不辞辛劳,把干工作和做家务当作苦差事,即使再善于苦中求乐,再善于强迫自己,再善于说服自己,再有毅力坚持,都难以持久,毕竟人活着不是为了活得痛苦。追求快乐和幸福是人性的本能,也是人生的目的。爱迪生几乎天天都是吃住在实验室,工作时间每天都不少于18个小时。但是他从来都不觉得工作是一件苦差事,不觉得疲倦,不觉得心烦。为什么?因为在他看来自己一直都是在玩耍,他把工作看成是一件快乐的事情。当劳动成为一种习惯,当劳动成为生命的因子,当劳动成为玩耍成为快乐,劳动才是真正的幸福。石油大王洛克菲勒非常热爱自己的事业,他曾经说:"我永远不会忘记我的第一份工作,虽然天不亮就得去上班,办公室里的灯光又很昏暗,但是我从未厌烦过这份工作。我甚至为工作而着迷,任何东西都不能阻止我对工作的热爱!"他还说:"我从未品尝过失业的滋味,并不是我运气有多好,而是因为我如此热爱我的工作。"如果视工作为乐趣,那人生就是天堂;如果视工作为任务,那么人生就是地狱。做一个爱劳动的人,把工作和家务等劳动当作生命的有机组成部分,就都是快乐。

从难到易安排工作、学习和生活。首先从最难做的工作做起,从最不愿意看到的人看起,从最不愿意做的事做起,心无旁骛,每解决一个认识问题都会有豁然开朗的感觉,每解决一个操作问题都会有凯旋的感觉,这样就体会到了工作、学习和生活的快乐。快乐就是一往无前的动力。

幸福是奋斗出来的,人不劳动,就连一棵草都养不活。劳动能给我们带来很多东西,所有的尊严,所有的财富,都必须经过奋斗才能获得。鸦片战争的炮火轰炸开了闭关锁国的中国大门,工业化浪潮席卷中国。曾国藩、左宗棠、张之洞等人对工业生产两眼摸黑,没有知识也没有经验,但是他们没有放弃,他们坚持不懈地艰苦奋斗和顽强拼搏,他们坚持学习,坚持请教,硬生生地开辟了中国洋务运动的先河,开启了中国工业化的路程,安庆内军械所,汉阳铁厂等一批近代工业企业应运而生,开辟了中国的工业化道路。

　　劳动不是为了别人,所有的劳动,最终受益的都是劳动者自己,劳动的过程、劳动的结果,其中的滋味只有劳动者自己才有资格去品尝和享受。一旦停止了劳动,人生就失去了意义。《诗经》有云:"不稼不穑,胡取禾三百廛兮?不狩不猎,胡瞻尔庭有县貆兮?彼君子兮,不素餐兮!"不劳动的人,是没有机会品尝劳动过程的快乐的,是不配占有和消费劳动产品的,无论是庄稼还是猎物,还是现代社会的工业和第三产业的产品。

　　勤于奋斗,时时处处有一切。

　　自觉自愿,撸起袖子加油干。

　　把希望寄托在别人身上,不如寄托在自己身上,不如寄托在自己的奋斗上。靠天靠地靠爹娘,都不如靠自己,都不如靠奋斗。古话说得好,爹有不如娘有,娘有不如怀揣自有,自己拥有全靠奋斗。

　　"路漫漫其修远兮,吾将上下而求索。"活到老奋斗到老,奋斗是没有止境的。人生路上,没有白吃的苦。所有的辛劳,迟早都会转化成不同形式的收获。

　　深夜无眠,一点思考,与你分享。思维碰撞,以冀精进。

　　孩子,盼望你用辛勤的劳动浇开工作、学习和生活的最大最美的花朵。

父亲
2019 年 9 月 4 日

第28封信
管理好自己的时间，
让工作和生活都从容不迫

亲爱的孩子：

　　时间是最珍贵的稀缺资源,对时间资源的利用必须精打细算,浪费时间就是浪费生命,我们浪费不起。时间是海绵里头的水,只要挤还是有的。怎么挤?挤就是要加强时间管理。管理时间就是从海绵里头挤水。然而,很多人却不善于管理时间,不仅没有从海绵里头挤出水,反而被海绵吸走了。

　　如果你必须完成两件工作,那么你应该,第一,首先完成最困难最重要的,第二,要立刻行动起来,不要拖延。完成了这一项再去完成另一项。一日之计在于晨,管理好自己的时间,改善业绩,提高工作效率,最关键的是每天早上要做的第一件事情就是最重要的事情。

　　管理好自己的时间,让工作和生活都从容不迫。

　　管理时间从根本上说,就是管理工作,管理学习,管理生活,管理幸福。培根说:"善于选择要点就意味着节约时间,而不得要领地瞎忙,却等于乱放空炮。"时间管理不好,一切都乱七八糟。时间管理的目的就是高效使用时间,就是提高效率,就是节约时间。

　　对时间使用状况进行一个分类,明确过去的时间都用到哪里去了,哪些时间得到了有效利用,哪些时间浪费掉了,明确今后的时间应该用到哪里。这是时间管理的基本方法。

　　管理时间,第一是要确定我们应该做点什么事;第二,手头应该做的、需要做的事情只要不止一件,哪怕只有两件,就需要确定首先做哪件,花多长时间来做,家有三件事,先从紧的来;第三,还要确定什么事情不应该做。明确了该做什么不该做什么,先做什么后做什么,实际上是有了一个时间使用计划,落实这个计划,工作生活的随意性就大大地降低了。

　　充分利用时间碎片是提高效率的有效方法,是延长生命的有效方法,是赶超他人的有效方法,是走向成功的有效方法。我们除了集中工作的大片时间之外,还有很多碎片时间,比如等签字、等汇报、等公交、等人、走路、茶余饭后等,碎片时间的特点是分散和短暂,但当我们把一天中所有的碎片时间加起来的时候,我们就会发现它其实很长,基本上是集中工作时间的一半以上。因为多数人对时间碎片是缺乏管理和利用的,所以能够管理和利用好时间碎片的人往往能够出人头地。可以利用碎片时间做点花费时间少的零碎的小事情,比如写一个笔记,洗一双袜子,擦一块玻璃,记一个流水,打一通必须打的电话,见一个人,谈一次话,看一篇短文章,浏览一个工作汇报。这个碎片时间做一件事,那个碎片时间做一件事,一天能够做很多事,一天里应该做的小事情就都做完了。其实小事情并不小,如果不利用碎片时间随时做,最后很多小事情积累起来就成了大事情,就必须利用整片集中的时间来完成了。

　　碎片时间不止可以做小事情,也可以做大事情。所有的大事情都可以分解成若干小片段、小事情,这些分解出来的小片段小事情就可以利用碎片时间来完成。比如写一篇文章,坐地铁的时候就可以开始构思,一回家就可以直接写作了。同样是写一篇文章,这个碎片时间写一段,那个碎片时间写一段,用不了多少个碎片时间一篇文章就写完了。

　　爱迪生一生勤奋,善于管理时间,他的集中时间和碎片时间都利用得十分充分。他在几十年间几乎每天在实验室里工作十几个小时,利用中途休息的片刻来处理日常生活中的事情,75岁还坚持上班,晚间在书房读书3到5小时,其他碎片时间做别的事情。若用平常人的时间利用率来推算,他的生命不知道已经延长了多少。正因为如此,爱迪生在 79 岁生日的那天,他骄傲地向世人坦言:"我已经是 135 岁的人了。"由于时间管理做得好,79 年中就延长了 56 年呢!延长率高达 71%。

按部就班,有条不紊,不慌不忙做事,稳扎稳打工作。欲速则不达,无论做任何事,都要按照一定的套路来展开。第一步论证,尽可能广泛地征求意见,寻找最优质的工作方法,包括工作的程序、步骤和技术。第二步计划,制定出关于工作的完整方案,预见到整个过程中可能出现的阻力,可能面对的失败,拿出必要的预案。第三步执行,把工作方案落实到底。

排除掉一切多余的动作和表达。狼吞虎咽吃饭带来的是肠胃的负担,双腿高频率摆动带来的是热量的消耗,俩脚大幅度抬起带来的是身体的疲惫,只有细嚼慢咽才有利于健康,只有在比较短的时间里跑出比较多的路程才能加快速度。说话不啰唆,办事不毛躁,步步为营,步步成功,不因为追求工作效率而损害工作质量。培根是英国伟大的哲学家、思想家、作家和科学家,马克思称其为"英国唯物主义和整个现代实验科学的真正始祖"。这是哲学家培根在《论迅速》中提出的时间管理主张。

总之,时间管理就是要建立时间清单和任务清单,做到五个心中有数、五个明明白白。第一,对自己的时间分布心中有数,集中时间有哪些,碎片时间有哪些,它们分别分布在一天中的什么时间点,自己心中要明明白白。第二,要做到对自己的任务或事件分布心中有数,大事有哪些,小事有哪些,分别需要在什么时候完成,分别要达到什么样的质量,自己心中要明明白白。第三,要做到对任务事件的特点心中有数,哪些事情适合安排在集中时间做,哪些事情适合利用碎片时间做,什么时间适合做什么事情,什么时间要做什么事情,自己心中要明明白白。第四,要做到对整个项目的工作心中有数,对工作分几个阶段,每个阶段的工作方法和注意事项明明白白。第五,要做到对自己追求的目标心中有数,对整个过程中可能产生的问题、可能遇到的阻力和可能遇到的失败明明白白。

心中明明白白，行动得心应手，生活有条不紊。管理好自己的时间，生活就这样游刃有余。

祝你每天都过得从容幸福，每天都有新进步。

父亲
2019 年 8 月 25 日

第㉙封信
经常思考,不要辜负了聪明的头脑

亲爱的孩子:

　　世事洞明皆学问,人情练达即文章。观察问题不是用眼睛而是用头脑,处理问题不是用手脚而是用方法,获得成功不是用蛮干而是用巧力,战胜敌人不是用牺牲而是用智慧。

　　"凡事预则立,不预则废;言前定则不跲,事前定则不困;行前定则不疚,道前定则不穷。"任何事情,事前有所思考才能取得成功,事前不加思考最终必定是失败的。说话前思考过了,就能够有理有据还有分寸;做事前思考过了,就能够少犯错误,少走弯路,提高速度,不落后悔;人生的道路提前规划和论证了,前途就是一片光明,理想就能变成现实。

　　北宋伟大的政治家和史学家司马光做事就爱动脑筋。司马光自幼天资聪颖勤奋好学,7岁时就喜欢上了《左氏春秋》,爱不释手,学习如痴如醉,废寝忘食,自己在学校学会了,回家还要讲给家长听。他从历史中吸取经验教训,动脑筋思考怎样处理现实中的问题,总有自己的见解。尽管是个孩子,常有成人的稳重,办事特别冷静。他们学校的院子里放着一口大缸,缸有成年人个头那么高,里面装满了水。有一次课间休息,一群调皮的小学生在学校院子里玩耍,有一个喜欢爬高上低的小学生站在水缸边缘跳动,不小心跌落到缸里被水淹没了,其他小孩看见后非常害怕,都跑掉了,唯独司马光不慌不忙,去墙根拿了一块石头从缸的下部砸开了一个口子,缸里的水流了出来,被溺的小学生得救了。司马光砸缸的故事启示我们,平时养成动脑筋的习惯,遇到突发事件,遇到紧急情况,在关键时候总有合适的解决办法。

心为身之主,身为心之用。头脑对于生命有多重要,思考对于工作、学习和生活就有多重要。离开了思考,将一事无成。

要经常思考,不要辜负了聪明的头脑。

再卓越的才能,如果没有机遇,也必将失去价值。上帝对每个人都是公平的,给予每个人的机遇都是一样的。但是,机遇总是青睐有准备的人,谁做好了充分的准备,谁就能把握机遇,谁没有做好充分的准备,谁就会错失机遇。有准备的头脑是经常思考着的头脑,思考我们生存的这个世界,思考我们周围的人和事,思考工作、学习和生活的细节,思考过去、现在和未来的变化和发展。平时做足了功课,机遇一旦到来,眼睛就会发亮,手脚就会敏捷,事情就会在得心应手中顺理成章地走向成功。

要经常思考自己。德国伟大的哲学家黑格尔说,密涅瓦的猫头鹰是因为在黄昏中起飞才获得了智慧之神的偏爱。要经常反思自己做过的事情,解决过的问题,说过的话语,走过的道路,交过的朋友。反思方向,反思方法,反思阻力,反思困难,反思过程,反思重点,反思难点,反思关注点,反思细节,反思事,反思人。学习工作生活的大事小情,点点滴滴都需要反思,都需要认真地反思。把反思中得到的新认识、新结论、新思路、新方法和新感悟都记录在本子上,铭刻在心里边,落实在行动上。在反思中总结经验教训,在反思中发现更好的方法,在反思中寻找更好的突破点,在反思中完善方案,在反思中改进工作,在反思中取得成功,在反思中提高自我。经常反思,是一个人用心做人做事的标志,是一个人求善求美的途径,是一个人前途光明的方法。

他山之石,可以攻玉。比较重要的细节,比较生疏的情节,比较关键的环节,在生活和工作中发生了,无论是发生在哪个人的身上,无论是谁应对和处理的,我们都需要思考。那些发生在别人身上的事,如果自己的生活中以前没有发生过,要想一想,假如发生在自己身上,自己应该怎样应对,应该说什么话,应该采取什么行动。如果自己的生活中曾经发生过类似的事,要想一想,人家在处理这种事情的时候有什么值得自己学习的地方,人家的哪些话说得好,哪些措施坚强有力,哪些事做得漂亮。如果别人将事情处理得不够漂亮,存在不足,我们就想一想,这些不足是怎么产生的,自己准备怎样做得更好。

　　换个角度思考那些不成功的事件或者留下遗憾的过去。失败和挫折谁都不想接受,可是它却不会因为人们的讨厌而销声匿迹,它总是寻找一切机会嬉皮笑脸地闯入人们的工作、学习和生活。驱逐挫折和失败的方法,不是摔盘子摔碗,不是骂领导骂同事,不是怨天尤人,而是思考,是反思。只有反思,才是驱逐挫折和失败的唯一正确的方法。在反思中,在奋斗过程中,我们寻找导致失败的原因,整个过程中我们说错了什么话、做错了什么事,哪个细节没有精雕细刻成精品,哪个十字路口没有确定对方向,哪个关键环节关键时刻没有把握好火候,哪个应该停止的时候没有停止,哪个应该前进的时候没有前进,哪个方面的积极性没有调动好,哪个人没有安排合适……教训总结够了,工作改进够了,挫折和失败自然就不敢露头。

　　思考要以问题为中心,思考怎样发现问题和怎样解决问题。什么是工作?工作就是发现问题和解决问题的过程。每过一个阶段,我们都要总结自己的工作,总结经验教训。什么是经验?经验就是发现问题、解决问题的方法和思路。什么是教训?教训就是导致人们错失发现问题的良机、擦肩解决问题的良方的那些因素。我们常说某人眼睛里头没有水,没有眼色,什么是没有眼色?没有眼色就是问题在身边却发现不了因而也不去解决。无论做什么工作,都要以问题为中心,紧紧围绕发现问题和解决问题展开。发现问题是解决问题的前提,发现不了问题就没有解决的对象,发现问题的过程往往包含着解决问题的方法,解决问题的方法就在问题本身的来龙去脉之中。发现问题是开创性的事情,解决问题常常只是技术性的事情,发现问题要比解决问题重要得多。被人们发现了的问题就没有解决不了的,但是那些至今还没有被发现的问题不知道要比已经被发现了的问题多多少倍,这正是我们的事业前进的广阔空间。团队必须给善于发现问题和勇于分享问题的成员记头功、发大奖。善于向团队其他成员推荐自己发现的问题,善于借助团队其他成员的智慧解决问题,善于把别人发现的问题当作自己工作中需要解决的问题,这是作为团队成员的基本要求。什么是团队?团队是团结合作的阵地,是共享问题的组织,一个成员发现了问题,整个组织去共同面对,分享问题是最基本的最重要的也是最实质性的合作。每一个问题的发现、分享和解决,都必然会推动团队事业的进步。对团队发展贡献最大的人,常常是善于发现问题和勇于分享问题的人,而不是只是技术性地解决问题的人。对善于发现问题和勇于分享问题具有崇拜和敬畏的精神,这样的团队才是能够不断创新的、生机勃勃的、前途无量的团队。我们常说要开动脑筋,要善于思考,思考什么?就是思考问题在哪里,问题是什么,问题怎样解决,尤其要把发现问题作为思考的重中之重。

知识和经验,都是在思考中积累的。成功和光荣,都是在思考中成就的。古今中外,成绩卓著的人,都是勤于思考善于思考的人,身败名裂的人都是不懂得反省不懂得思考的人。从一定意义上说,人们的卓著成绩或者悲惨结局,都是思考或者不思考的产物。三国,那是一个人才辈出的时代,司马懿和杨修是正反两方面的教材。司马懿的成功就是因为他有一个过人之处——经常思考,经常进行自我反省。人生如棋局,高手总是走一步看三步。司马懿是三国舞台上的高手中的高手。人生的高手每向前迈进一步,总要预备好向前三步的措施,而司马懿更加要回头总结十步的经验教训。他每说完一句话,做完一件事,总会思考不对的地方,然后改正。而那位天资聪颖的杨修,他什么都能想到,处处显示自己的才华,西凉刺史马腾敬贡曹操一盒酥后曹操写下"一合酥"三字他明白是一人一口酥的意思,攻下汉中后处于进守两难境地的曹操规定口令"鸡肋"他晓得弃之可惜食之无味是退兵的意思,曹娥碑上的大字黄绢幼妇外孙齑臼的意思是绝妙好辞,他比曹操还要早明白30里路程,相国新建的大门曹操题词一个"活"字他明白曹操这是批评门子修建得太大了,但是他只知道张扬不懂得内敛,无视伴君如伴虎的法则,不懂得反省自己在君臣之道方面的言行举止和成败得失,因而也根本谈不上什么改进和完善,最终被送上了断头台。不思考,不反思,不总结经验教训,这种人的人生道路注定就是曲曲折折坑坑洼洼,总是刚刚从一个陷阱里爬出来,又掉进另外一个陷阱里去。不思考的人总觉得自己的一切不顺利,一切遭遇和挫折,都是因为别人,不是因为领导就是因为同事,甚至是因为上帝,唯独不知道所有的失败都是因为自己,因为自己不注意总结经验教训,总以为自己做的就从来没有错过。

孩子,明者视于无形,聪者听于无声,谋者谋于未兆,慎者慎于未成。靠什么?依靠平时的思考。宜未雨而绸缪,勿临渴而凿井,希望你能养成经常动脑筋思考问题的好习惯。

祝你每思都有所得,办事得心应手。

父亲
2019 年 8 月 30 日

第⑩封信
名言谈思考,警句说动脑

亲爱的孩子:

我抄录了一些关于思考的名言警句,供你学习和鉴赏。

名言谈思考,警句说动脑。

思维是灵魂的自我谈话。

——柏拉图

不下决心培养思考习惯的人,便失去了生活中最大的乐趣。

——爱迪生

一分钟的思考抵得过一小时的唠叨。

——托马斯·胡德

人凭借思考而能变成神。

——拉马丁

一个人年轻的时候,不会思索,他将一事无成。

——爱迪生

凡是善于思考的人,一定是能够根据他的思考去进一步追求可以通过行动取得最有益于人类东西的人。

——亚里士多德

所谓真正的智慧,都是曾经被人思考过千百次;但要想使它们真正成为我们自己的,一定要经过我们自己再三思虑,直至它们在我个人经验中生根为止。

——歌德

独立思考能力是科学研究和创造发明的一项必备才能。在历史上,任何一个较重要的科学上的创造和发明,都是和创造发明者的独立地深入地看问题的方法分不开的。

——华罗庚

把时间用在思考上是最能节省时间的事情。

——卡曾斯

伟大不只在事业上惊天动地,他时常不声不响地深思熟虑。

——克雷洛夫

孩子,真心地祝愿你因思考而睿智,在思考中长进。

父亲
2019 年 8 月 31 日

第31封信
做人不应该安于现状,要不断追求

亲爱的孩子:

今天是教师节,学生们高喊着节日快乐,不少家长也发来了祝福的信息。忠于职守,尽心尽责,为学生们的成长和发展努力工作,这是一个老师不可推卸的责任。我从1988年参加工作至今,先后担任过班主任、年级主任、政治教研组长、教务处副主任、教研室主任、教务处主任、校长助理,不管从事什么管理工作,我始终没有忘记自己是一个老师,始终没有离开过三尺讲台。春蚕到死丝方尽,蜡炬成灰泪始干,我将一往无前。

父母是子女的第一任老师,更是子女终身的老师。在这大好的节日里,我给我的学生们讲了很多很多,我想我也应该给我的孩子说点什么。

中国近现代史上著名的文学家、史学家、哲学家王国维在《人间词话》中说人生有三个境界:"古今之成大事业、大学问者,必经过三种之境界:'昨夜西风凋碧树,独上高楼,望尽天涯路'。此第一境也。'衣带渐宽终不悔,为伊消得人憔悴'。此第二境也。'众里寻他千百度,蓦然回首,那人却在灯火阑珊处'。此第三境也。"这三个境界,"望尽天涯路"就是立志,做人要有追求,有梦想。"衣带渐宽终不悔"是指奋斗,为实现理想而不懈努力。"那人却在灯火阑珊处"是收获,经过奋斗,梦圆了,理想变成了现实。任何人做任何事都要经历这三个境界,起于立志,经历拼搏,终于收获。立志是基础,奋斗是途径,收获有多大,取决于志向有多高远,奋斗有多顽强。

做人不应该安于现状,要不断追求。

商汤王在浴盆上刻上铭文"苟日新,日日新,又日新",提醒自己做人要有所追求,不可以一日不思进取。

没有追求,不求进取,就不知道自己是为了什么活着,不知道自己要往哪里去。没有追求的人生是不幸福的人生。有了追求,就明白了自己为什么而努力,所有的吃苦受罪就有了精神支撑,人生奋斗就有了精神动力。

人没有追求不行,追求小了也不行。有了追求,生活才幸福。雄鹰的理想是翱翔蓝天,飞鸟的理想是站立枝头,公鸡的理想是庭院滑翔,雄鹰是食肉动物,飞鸟的食品是虫,公鸡的食品仅仅是一把米糠。毛泽东"学不成名誓不还",把全心全意为人民服务作为追求,领导中国人民站起来了。周恩来的理想是"中华之崛起",他勇于承担责任,是人民心中的好总理。叛变者的理想是苟且偷生,没有担当,是人民眼里的可怜虫。慈禧太后追求一时偷安奢侈作乐,"量中华之物力,结与国之欢心"成了她的行动,挪用军费建设园林成了她的快乐,她自己成了中国历史的罪人。大追求大幸福,小追求小幸福,没追求不幸福。今生立得鸿鹄志,历史方可留英名。

《易经》上说:"取法乎上,仅得其中;取法乎中,仅得其下。"《孙子兵法》也说:"求其上,得其中;求其中,得其下;求其下,必败。"追求的实现都是要打折扣的,所以《大学》要求人生追求要远大,要精益求精,要追求至善至美,"君子无所不用其极"。

生活中有些人对现状表示满意,觉得自己现在就生活得挺好的,认为自己不需要有追求。其实,逆水行舟不进则退,人生幸福也是这样。一个人如果没有追求,贪图安逸,不去奋斗,这个自己满意的现状也是难以维持的。在井里头的青蛙心中,井就是最辽阔的世界。自己以位居中游而满足,但是别人在拼搏,你在干什么?你在放心睡觉,你在悠闲喝茶,你在娱乐打牌,你在自我满足,你在浪费生命,你在辜负光阴。用不了多久,你就会突然发现,别人进步了,你自己停步不前,你自己已经不再是位居中游了,已经落魄到下游了。

工作要有追求,学习要有追求,生活也要有追求,方方面面都要有追求。工作要达到什么水平,要做出什么业绩?这个水平这个业绩,在本单位在本地区,在全国甚至全世界,要处于什么样的位置?自己要给自己设置一个定位,定位就是追求。对于一个高端人才来说,尤其是对于一个医生来说,工作追求和学习追求常常是一致的,要提高工作能力、水平和业绩,就必须不断学习,学习的程度和工作的高度相辅相成。无论什么时候都不可以放松学习,无论怎样忙都要安排足够的时间学习。工作和学习上去了,生活也不会差,一个人生活的水平,本来就是社会对他的工作水平和学习水平的肯定和回报,工作和学习搞好了,社会一定会回报充裕的物质财富和精神财富,以保证追求者和成功者的生活幸福。

谁放弃追求,谁就会被生活淘汰。不用说社会,不用说别人,没有追求没有成绩的人,就连自己的子女都会另眼相看。

其实,做人最怕的不是努力了没结果,而是还没有尝试就选择放弃,想一万次不如奋斗一次,你不去追求成功,怎么证明自己的优秀?与其抱怨生活,不如改变现状。自己不去追求,谁能替你实现梦想?活到老学到老,再宽泛点,就是活到老追求到老,人生不可以一天不追求。

追求是一种精神,追求是一种美德,追求是一种习惯,追求是一种人生态度。正如孔子所说的"道",每个人都有自己的道。孔子说"吾道一以贯之",其实何止是孔子,所有人都是"吾道一以贯之",只不过是不同的人有不同的道罢了。在工作上善于追求的人,在生活上也一定会奋力向前。我见过很多的学生,学习成绩优异,歌咏比赛、演讲比赛、体育比赛,等等也都是争着出人头地,在体育竞赛场上他们也不怕流汗,甚至不怕流血,摔倒了爬起来还要继续向前冲。一个工作上不求上进没有追求的人,很难相信他在别的方面会做得更好,他只有贪图享受的习惯,没有奋勇向前的精神。

从现在开始,你要确定一个美好的追求,扎扎实实为之而努力。用目标激励自己奋斗,用成就展现自己的才能,用追求、奋斗和成功去创造自己的美好生活。唯有追求,方可幸福。

孩子,志当存高远,路在脚下行;敢为天下先,出水看芙蓉。

祝愿你今天所有的理想都能成为明天的现实。

父亲

2019 年 9 月 10 日

第32封信
只有敢于失败，才是真正的敢于成功

亲爱的孩子：

所有人都是在跌打滚爬中不断成长的。失败是成功之母，因为害怕失败而畏首畏尾，不敢放手一搏，等于在胜利面前做了"缩头乌龟"，就永远不会成功。必要的挫折，都是成长必须经历的过程。必要的失败，都是成功必须付出的代价。挫折和失败，是人生必须交纳的学费。生活中五味俱全，酸甜苦辣咸一样不少。生活是一个大戏台，成功的戏和失败的戏都在这个戏台上演出。一将功成万骨枯，一次成功总是由N多次的失败换来的。一经打击就灰心泄气的人，将永远是个失败者，将永远没有成功的机会。

拿破仑说："人生的光荣，不在于永不失败，而在于能够屡扑屡起。"

只有敢于失败，才是真正的敢于成功。

这句话，今年4月份在郑州的时候，我曾经给你说过。

未虑成功，先虑失败，自己把自己恐吓逃跑了，还怎么成功？世界上的事情，论结局，最坏的那种顶多就是失败，失败的人多了去了，怕什么？只要肯努力，迟早会成功。有志者事竟成，破釜沉舟，百二秦关终属楚；苦心人天不负，卧薪尝胆，三千越甲可吞吴。蒲松龄科举考试屡试不第，71岁时才成为贡生。他不怕失败，坚持奋斗40多年，写成了中国古代文言短篇小说中成就最高的作品集《聊斋志异》，成了"写鬼写妖高人一等，刺贪刺虐入骨三分"的伟大文学家。

你今年考研成功,就是有经验教训的。因为不怕失败,所以你大胆填报了这个名牌医科大学,而且还是这个热门专业,你终于如愿以偿了。假如你当时因为害怕失败,填报了其他医科大学,肯定更加保险,成功的概率几乎就是100%,但你还是为了追求自己的理想,迈出了勇敢的一步,这是不怕失败的一步,也是走向卓越的一步。当然了,你的成功也是付出了代价的,最大的代价在复试环节,你自己吓唬自己,没有自信,害怕失败,不敢成功,自己过得很煎熬。同时你妈妈陪你复试也是陪得那么艰辛。那么好的笔试成绩,本来是第一名,你却疑神疑鬼,你却害怕失败,你却误以为是第三名。本来不用考虑调剂,你却硬生生地折腾出来一个调剂的复试。你妈妈去常州的时候,还是那么精神,半个月后在郑州,她的面容是那么憔悴,白头发增加了许多。伍子胥带公子胜出昭关,忧愁过度一夜之间白了头,对这个典故,原来我是一点都不相信的,不相信一夜就能愁白了头,我以为这仅仅是文人墨客的虚构,卫道士的恐吓。但是,当我在郑州看到你妈妈头发的变化,我相信了。旅途劳顿,经济支出,精力消耗,心理折磨,劳心过度,休息不足。复试那两个星期,对你妈妈来说,简直就是暗无天日。

凡事撑住气,尤其是遇到挫折和失败而处于低潮时,不要自己吓唬自己,不要自己把自己吓唬出局。抗战胜利后,国民党统治着全国76%的国土,71%的人口(3.39亿人口),75%的城镇,62%的铁路,陆军总兵力不包括几十万伪军在内就达到524万人,武器装备精良,还得到了美国的支持和援助。而共产党兵力合计仅有127万人,武器装备极其落后。但毛泽东没有被吓倒,重庆谈判不害怕,局部战争不害怕,针锋相对,寸土必争。毛泽东说:"人民得到的权利,绝不允许轻易丧失,必须用战斗来保卫。我们是不要内战的。如果蒋介石一定要强迫中国人民接受内战,为了自卫,为了保卫解放区人民的生命、财产、权利和幸福,我们就只好拿起武器和他作战。这个内战是他强迫我们打的。如果我们打不赢,不怪天也不怪地,只怪自己没有打赢。但是谁要想轻轻易易地把人民已经得到的权利抢去或者骗去,那是办不到的。"就是因为有了这种敢于失败、敢于争取的精神,一方面尽力反对内战争取和平,另一方面积极准备接受内战的现实,对国民党不抱幻想,不怕威吓,坚决保卫人民的斗争果实,共产党才取得了解放战争的胜利。如果共产党被当时的国共双方力量对比吓倒,自己把自己吓唬出局,哪里还有中华人民共和国的建立?

什么叫作失败?失败是到达最佳境地的第一步,失败是成功的前奏。爱迪生20岁出头开始研究电灯,历时10余年,先后选用了竹棉、石墨、钽等上千种不同物质作灯丝材料进行试验,时常通宵达旦,有一次他和助手们竟连续工作5个昼夜。1879年爱迪生用碳丝作为白炽灯丝,并点燃40小时。由于碳丝表面多孔,性脆,强度很低,不久被钨丝代替。经过一千多次试验,爱迪生终于找到了适合做灯丝的材料。为此,有人讥笑爱迪生一千多次的失败,然而,面对讥笑,爱迪生并没有选择中途放弃,他说:"失败也是我需要的,它与成功对我一样有价值。只有我知道了一切做不好的方法,我才知道做好一件事的方法是什么。"

明智的人决不会坐下来为失败而哀号,他一定要乐观地寻找办法来加以挽救,他会不屈不挠地坚持奋斗。对不屈不挠的人来说,根本就没有失败这回事。停止奋斗的原因在于不相信自己,在于以为自己就是一个应该失败的人。

宠辱不惊,处变不惊,学会冷静太重要了。得意时候你不会飘,你有这个境界。挫折面前,你更要把持好自己。你要特别注意加强这方面的修养。活在这个世界上,什么都没必要害怕,什么都不要影响到自己坚持去做认定的事情,做自己认为对的事情,做自己愿意做的事情,做对社会对未来有利的事情。放下输赢,放下得失,始终按照自己的想法和计划的步骤推进,不忘初心,砥砺前行。正如郑板桥说的那样:"咬定青山不放松,立根原在破岩中。千磨万击还坚劲,任尔东西南北风。"

孩子,宠辱不惊,正视挫折,敢于成功,这是一个父亲对孩子的祝愿。

父亲
2019年10月17日

第33封信
耐得住寂寞,唱好属于自己的凯歌

亲爱的孩子:

做人做事做学问,都需要耐心。阳春白雪,曲高和寡,越是品德、学识、才能、业绩高尚的人,越要耐得住寂寞,越要学会享受孤独。品德是自己熔铸的,学识是自己修炼的,才能是自己锻造的,业绩是自己耕耘的,一经成就,永远属于自己,即使别人暂时不理解也不会有所亏损,只要有益于社会、有益于大众,被理解和接受也是迟早的事情。

耐得住寂寞,唱好属于自己的凯歌。

天上宫阙,琼楼玉宇,独舞清影,高处不胜寒。好多东西,好多事情,好多感觉,好多忧伤,好多痛苦,好多艰难,好多讥笑,好多指责,好多刁难,都必须独自承受,别人不可能与你分担,别人也不可以与你分担。牙齿打碎了,只能和着血一起咽到自己的肚子里。读万卷书,寂寞如雪;行万里路,孤独似冰。"幽人独往来,有恨无人省。拣尽寒枝不肯栖,寂寞沙洲冷。"办大事者,可能没有人与你有共同语言,只能独自倾听"两只黄鹂鸣翠柳";成大业者,可能没有人与你翩翩共舞,只能独自观赏"一行白鹭上青天"。多少独自承受不起的人最终都重回凡间,成了无所作为的芸芸众生,在庸庸碌碌中了却了一生。能够独自承受得起,正是我们所说的耐得住寂寞。承受得起,无论遇到什么事情都能从容,无论什么时候都能优雅,无论身处什么环境都能适应,无论遇到什么人都能平和,无论遇到什么态度都能淡定,不生气,不愤怒,不得意,不忘形,不着急,不放弃。

走自己的路,办计划中的事。无论别人理解不理解,接受不接受,支持不支持,看准了的就坚持到底,一直坚持到成功。奋斗过程中,不和领导争论,不和同事争宠,不与部下争功,不和任何人争鲜花争掌声,这样努力了,以这样的姿态忍耐住了所有的寂寞,即使没有人理解和支持,也不会有人下绊子加阻力。哪怕全世界都忘了你,只要你自己还记得自己要干什么,只要你自己还在拼搏,彩虹总在风雨后。

备受称赞的千里马,它跑的速度不一定最快,但它必须得最有耐力。千里马优秀,但是千里马得到的待遇未必就能与它的优秀相匹配。千里马常有,而伯乐不常有,遇不到伯乐的千里马,如果自己耐不住寂寞,就只能"祇辱于奴隶人之手,骈死于槽枥之间",最终的结局就是"不以千里称也"。反过来,如果能耐得住寂寞,始终牢记自己要干什么,坚持拼搏,即使遇不到伯乐,世人最终还是会承认它日行千里之本领,必须以千里马称呼它。耐不住寂寞,千里马的结局会沦落为普通马,耐得住寂寞,普通马也可以创造出千里马的业绩。

陆游赞美傲雪寒梅善于忍耐寂寞的品德和操守:"驿外断桥边,寂寞开无主。已是黄昏独自愁,更著风和雨。无意苦争春,一任群芳妒。零落成泥碾作尘,只有香如故。"要想办成事情,就要有这种傲雪寒梅甘耐寂寞的精神。

只有耐得住寂寞,才能够坚持和唱好属于自己的那一段凯歌。只有耐得住寂寞,才能把属于自己的那段凯歌唱得优美唱得嘹亮。寂寞最是难耐,耐得住寂寞最为宝贵。越是在成功的前夕,就越彷徨、越孤单、越无助,越需要面对讥讽和嘲笑,犹如黎明之前,只要熬过那片刻黑暗,必定见火红的太阳冉冉升起。

史家之绝唱的司马迁,因为替李陵辩护而遭受了宫刑,他眼光理性、客观、辩证、公允、开阔,他走在了时代的前头,只能独自享受寂寞。无韵之离骚的屈原,他博闻强识、明于治乱、娴于辞令,被排挤被贬职被放逐,怀着一腔爱国的情愫在无限寂寞中浪迹江湖,向天而问。两弹元勋邓稼先,隐姓埋名,离妻别子，28年，遭遇核辐射身患癌症，坚持默默奉献，为了祖国为了人民，享受了一辈子的寂寞。核潜艇之父黄旭华，弃医从工，深潜水下，全心全意工作，建造了祖国的潜艇，欠了家人的情债，用对国家的忠就是对父母最大的孝这样的格言，享受了30多年的寂寞。近代物理学的奠基人牛顿，终身归与耶和华，诞生三月丧父，一辈子没有朋友，一辈子没有结婚，贡献了一辈子，人类的命运因他而改变，他却从来没有学会享受生活，他的一生是寂寞的一生。相对论的创立者爱因斯坦，无论在什么环境中，从不随波逐流，生活简朴甚至寒酸，不修边幅，头发蓬乱，无论哪个阶段都与孤独相伴，从未因寂寞而困惑和痛苦。古今中外，那些数风流人物，哪个不是孤独寂寞的享受者？

鲁迅先生曾说过："先觉的人，历来都被阴险的小人和昏庸的群众排挤、压迫、放逐、杀戮，中国人格外凶。"事情绝没有鲁迅说的那样严重。但是，他的话也绝对是来源于生活，来源于古往今来中国社会的实际情况。从中，我们还是读出来点高处不胜寒是一种寂寞的意思。耐得住寂寞，谱写一曲优美的歌。

享受寂寞，寂寞就是真实的快乐。不甘寂寞，寂寞可能就成了夺命的利剑。陈子昂天资聪颖，少年时代喜欢舞刀弄枪，十七八岁还没有读书。刀枪无眼，误伤他人，这才弃武从文，研习经史百家，没有几年就大有斩获，鹤立鸡群。24岁时进士及第，上书论政引起女皇武则天重视，得到重用。陈子昂登上幽州台，感慨"前不见古人，后不见来者"，自己以及自己所做的事情，古往今来唯一，断无替代可能。面对如此的寂寞，他难以忍耐，上下四方曰宇，古往今来曰宙，无边无际无始无终，人在天地间如同尘埃一粒，"念天地之悠悠，独怆然而涕下"。陈子昂不甘寂寞，得罪了权贵，被罗织罪名，打入大牢，38岁时在监狱中含冤而死。享受寂寞，寂寞就化作内心的幸福。这种幸福与任何外界的因素无关，与物质无关，与他人无关，与寒暑无关，与利益无关，与名誉无关，只在自己的修炼，只在对事业的专注，只在不懈的追求和不倦的奋斗。享受寂寞是属于但行好事莫问前程的那种幸福。发愤忘食，乐以忘忧，积极进取，不改其乐，求风得风，思雨有雨，何来不幸福？

孩子，所有的成功者，都是经历了寂寞才取得了成功，说到成功他们会激动得流泪，谈起寂寞他们却内心坦然。准备好了寂寞，就是准备好了成功。耐得住寂寞，你准备好了吗？

唐朝大禅师黄檗写过一首诗《上堂开示颂》："尘劳迥脱事非常，紧把绳头做一场。不经一番寒彻骨，怎得梅花扑鼻香。"寒冬过后春天来，漫山遍野鲜花开。生机勃发好风光，尽显英姿眉飞扬。

默默地守望，静待花开。不懈地奋斗，开拓自己的天地。

祝你成功。

父亲
2019 年 10 月 29 日

第34封信
人在丛林,思危所以求安

亲爱的孩子:

狼吃小羊是不需要其他理由的,狼饿了就是唯一的也是充足的理由,所谓去年小羊还没有出生的时候就骂过狼,所谓不是小羊就是小羊的爸爸,那都是童话故事中编写出来的情节。

人类生产力和科学技术的发展,使人类在和其他动物进行的资源竞争中占尽了风头。所有动植物的命运都掌握在伟大的人类手中,所有的生杀予夺都是人类对一切动植物的自由,人类餐桌上的菜肴可以由人类的意愿而定,而不受动植物品种的限制。

宋太祖赵匡胤要消灭南唐,对南唐后主李煜派来的求和使者说,什么也不需要说,不是因为江南做错了什么才消灭江南的,丛林法则是人类必须始终遵守的客观规律,卧榻之侧岂容他人鼾睡?一个人的言行,只要妨碍了他人的存在,妨碍了他人的利益,丛林法则就会不加掩饰地发挥作用。

雷锋说:"对待同志要像春天般温暖,对待工作要像夏天一样火热,对待个人主义要像秋风扫落叶一样,对待敌人要像严冬一样残酷无情。"什么是同志?具有共同利益的人就是同志。什么是工作?工作是谋生的手段,工作就是谋取利益。什么是个人主义?个人主义是只管追求自身利益而无视妨碍到他人利益的言行。什么是敌人?敌人是在利益上截然对立的人群。

人和人之间,斗争的理由是一个永恒的绝对的存在,那就是利益。天下熙熙皆为利来,天下攘攘皆为利往。

人类从来没有摆脱过丛林法则的支配。

整个生物界都受着丛林法则的支配,遵循着物竞天择、适者生存、优胜劣汰、弱肉强食的规则,残酷的竞争从来就没有停止过。生物竞争的核心和实质,是对自然资源的抢夺,是为了消费更多的物质资料,是为了生活得更加滋润。

在资源的抢夺上,人是最贪婪的生物。什么都想要成为自己的东西,有的人甚至为此走上了不归路。比如吃饭,好多人都是大快朵颐拼命吃撑死的,吃出大大小小各种疾病的人更多,胃穿孔,糖尿病,都是不加节制地胡吃海喝的结果。动物是依靠本能来控制饮食的,一旦吃饱反应就迟钝了,就会被别的动物吃掉,所有的动物都只是吃到没有饥饿感就停下来了,不贪是动物存活下来的条件。人是依靠思想控制饮食的,肚子吃饱了眼睛还饥饿,吃多了不是胃口需要,不是身体需要,是贪心需要。动物占有资源必须是实物形式,所以基本够用就行。人类学会了用金钱的形式贮藏财富,管了现在还要管未来,管了自己还要管亲人,管了这代还要管后代,总是恨不得支配全部资源。

人类抢夺资源的手段不太讲究,人类最看重的是结果。疾风暴雨,和风细雨,缠绵梅雨,阳光下,夜幕中,黄昏里,直路子,绕弯子,各种各样的手段,对人类来说都属于正常,正所谓成者为王败者为寇。

人抢夺资源的手段比任何动物都更加凶狠。动物依靠尖牙利爪和体力消耗来抢夺资源,都是明抢,虽然野蛮,不失本真,身体不如对方,只能甘拜下风,也属世界原形。人抢夺资源要借助武器,如果说刀枪剑戟斧钺钩叉等冷兵器可以算作人的智慧聪明,那么枪炮雷弹毒菌核星就只能算作人的残酷无情了。

个人和个人之间抢夺资源,心机往往太深,阴谋诡计,钩心斗角,假仁假义,深藏不露,当面微笑背后下刀,调虎离山声东击西,诚恳憨厚之辈总是无所适从,这些手段和动物的尖牙利爪比,和人类的冷兵器比,就显得更加歹毒。易退易涨山溪水,易反易覆是人心。小人人品小,能量不小。智者千虑必有一失,小人阴险防不胜防,一不留神就会被人利用、被人控制,稍微大意就会落入圈套而惨遭陷害,甚至被人卖了还得给人数钱,被人害了还不明白自己是怎么死的。香港立法会议员何君尧于2019年11月6日在位于屯门的一家商场外遭一名蓝衣男子持刀刺伤。从现场视频看,一名身穿蓝色衣服的男子手捧鲜花靠近何君尧,和他聊天分散注意力,随后突然从书包里掏出尖刀刺向何君尧胸口。佯装献花,实则谋杀,多么阴险,多么狡诈,多么防不胜防啊。图穷匕见这个成语讲述的故事也是一样。人性的丑陋由此可见一斑。

唐朝诗人李冶在《八至》中是这样写人的感情的:"至近至远东西,至深至浅清溪。至高至明日月,至亲至疏夫妻。"在利益面前,所有的感情都是早春二月的薄冰,表面看似坚硬,事实上是非常脆弱的。利益至上,利益永恒。感情和利益冲突的时候,就是实实在在的以卵击石。这也是丛林法则的重要内容。

当然,丛林法则也不仅仅是大鱼吃小鱼、小鱼吃虾米这种弱肉强食的凶残和优胜劣汰的险恶,也有群狼配合所向披靡这种互利互惠的友谊和集体取暖的温馨。不仅仅是倚强凌弱的血肉模糊的霸道,也有一山不容二虎除非一公一母这种对势力范围之内所有资源的强者保护的责任。互惠互利和强者责任,这在人类社会表现得尤其突出。一方有难八方支援,共同抵御自然灾害,共同抵御外敌入侵。国家保护公民,官员保护群众,男人保护女人,健全保护残疾,成人保护幼童。我们无须去翻阅抗日战争、汶川地震等重大历史事件中发生的那些可歌可泣的壮美悲歌,助人为乐和责任故事每时每刻都在我们身边发生。你是一个重情重义的人,你是一个最懂感恩的人,经常听你讲起老师、同学、朋友和邻里在你的成长和发展中对你的关爱和帮助,人和人的友善你有深刻体会。

人世间的精彩,人类的善良,生活的美好,不容置疑。不过,我今天给你写这封信的目的,主要是想让你了解人世间的险恶,让你有所防范,学会保护自己。

孩子,酒足饭饱,斗志全消,思想松懈,祸起萧墙。越是安逸的生活,越是友善的环境,越应该保持各种各样的警惕和防范。友善地对待别人,谨慎地保护自己,平凡的人生就是幸福的人生。

祝你天天都有幸福感,时时都不被伤害,愉快度过每一分。

父亲
2019 年 11 月 17 日

第34封信 人在丛林,思危所以求安

第35封信
热爱和融入一个地方，
要从了解这个地方开始

亲爱的孩子：

南阳，处于我国东西南北的十字交叉处。

秦岭淮河一线是中国南方和北方的分界线，南方是亚热带季风性湿润气候，北方是温带季风性气候。南阳北部的伏牛山是秦岭的一部分，淮河就发源于南阳境内的桐柏山。从气候来说，南阳气候兼有温带季风性气候和亚热带季风性湿润气候的特点，具有明显的过渡性。南阳位于河南省西南部，西与属于西部地区的陕西省接壤。所以南阳是东部的最西部，东西部的交汇区，南北方的过渡带。

南阳是南水北调中线工程核心水源地和渠首所在地，境内河流众多，分属长江、淮河、黄河三大水系。南阳的水水质很好，开水壶即使使用六个月，内壁都基本没有水垢。

地名是地方文化的组成部分。中国地名的由来，由山得名，由水得名，由人得名，由事得名，由史得名，由地理位置或者战略位置得名，各种情况都有。仔细查阅资料，注意一下南阳各个县市名称的由来，南阳也不例外。

无论在哪里工作和生活，都要热爱这个地方，融入这个地方。

热爱和融入一个地方，要从了解这个地方的历史和现状、风土和人情开始。

了解一个地方的地名由来，只是了解到这个地方的一小点皮毛。只不过每个人都有自己的爱好，有的人对地名感兴趣而已。

1. 南阳市。 南阳因地处伏牛山之南、汉水之阳而得名。南阳古称宛,宛就是指四周高中间低的地形。《说文解字》中这样解释"宛"字:屈草自覆也,从宀、夗声,其义"四方高中央下"。南阳的地形特点西、北、东三面环山,中间低平,属于盆地地形。"屈草自覆"是形容芳草盖地,植被葱绿的样子,这符合南阳盆地的植被特征。

2. 南召县。 明成化十二年(1476年)析南阳县北部置县时,以境内的驿站南召店之名"南召"为县名。《说文解字》这样解释:召,呼也,从口,刀声,以言曰召,以手曰招。这个驿站大概是要招待从伏牛山南方来的客人过夜的。伏牛山山道险峻,翻山旅途遥远,即使中午到得南召,天黑之前也不能走完山路,不能翻越伏牛山,况且山上时有土匪野兽出没,行道很不安全,所以南方来的客人基本上是必须在这里过夜的。这个可能就是南召驿站名称的由来。或许南召的这个南字也是伏牛山之南坡的南,召字是招呼招待过往官差客商的意思,两个字连在一起,意思是伏牛山南坡上的驿站。这也是对南召名称来源的一种理解。

3. 西峡县。 西峡县位于伏牛山南麓,县治设在西峡口镇。西峡峡谷古称"通陕甘之孔道,扼秦楚之咽喉",位于南阳盆地西部,地形为峡谷,所以就有了西峡这个地名。

4. 淅川县。 丹河(丹江)从西北到东南贯穿全境,这条河又叫作淅川、淅江、淅水,淅川县因水得名。商朝时期,在西峡北部山地出现了一个"析谷"的地名,"析谷"包括西峡北部这一带山地。"析"这个地名的出现,对后来这一地区的河流名称和行政区划名称都产生了重要影响,"析水"就是我们所说的淅水,现在西峡境内叫老灌河,"析邑"是县名(邑的意思就是县),更有"析县",等等。据《春秋左传》记载:春秋末期,今西峡县城一带有一个地区叫"白羽",周襄王十六年(公元前636年)把"白羽"改为"析",于时就有了"析邑",是楚国管辖的地方。

4. 内乡县。 公元前221年,秦实行郡县制,在地处淅川的南乡与西峡的北乡之间一带设置了一个县,定名中乡县。隋文帝名叫杨忠,忠与中同音,为了避讳把中乡县县名改成了内乡县。东汉置南乡县,管辖现在的淅川县西南。古时析阳郡有一个北乡,在今西峡县境内。西魏文帝时将盖阳县改为内乡县(故址在今西峡县城附近),于是"内乡县"这个县名从此开始出现。

5. **镇平县**。金初设置了一个阳管镇,就是现在镇平县县城所在地。兴定元年(1217年)五朵山一带农民响应山东、河北"红袄军"起义抗金,正大二年(1225年)起义被镇压平息。正大三年取"镇压平息"的意思设置镇平县,县治设在阳管镇。

6. **新野县**。新野早在春秋时期已经封邑了,当时叫作"蒸野"。蒸是柴草的意思,细一点的柴草叫作蒸,粗一点的叫作薪。定名蒸野意思是说这里就是一块荒芜的野外荒郊之地。随着农业生产的发展,水利的兴修,蒸野一带的土地得到灌溉,成了肥沃的农田,人口迅速增加,气象焕然更新,西汉初新建为县时,就叫作新野了。西汉置县,万象更新,取名新野。

7. **社旗县**。西汉末年王莽篡位建立新朝,大肆追杀刘氏皇族。刘秀逃跑到酿酒鼻祖仪狄酿酒的地方兴隆店,看到一面上写刘字的酒旗,决定自己举起刘字大旗恢复汉朝。刘秀想购买刘字酒旗,但是又一文不名,老板就把酒旗赊给了刘秀。刘秀称帝以后,为了报答兴隆店百姓的支持,下旨把兴隆店这个地名改成了赊旗店。1965年设县,县城设在赊旗店镇,周恩来总理以谐音取"高举社会主义旗帜"的意思,改赊旗为社旗,为古老的集镇赋予了崭新的含义,这样就有了社旗这个县名。

8. **桐柏县**。桐柏县因境内名山桐柏山而得名。相传很早以前桐柏山上生长着茂盛的桐树和柏树,人们就把这座山叫作桐柏山。

9. **方城县**。方城县境内有中国最早的长城——楚长城遗址,春秋战国时代的楚国人把长城叫作方城,一直延续到今天,当地人依然把楚国的长城叫作方城。因为楚长城的存在,山被命名为方城山,县也被叫作方城县。

10. **唐河县**。唐河古称唐州、泌州,有一条河流因为纵贯唐州境内所以得名唐河。明清时期把唐州降格成了唐县,民国13年又把唐县改成了唐河县。

唐河县是因为唐河纵贯全境而得名的。河流因唐州地名得名唐河，县域因为唐河水名得名唐河。

11. 邓州市。 邓州市为天下邓姓发源地。约公元前21世纪，夏代仲康建都于邓，即邓国，商周时期也是邓国。

12. 宛城区。 春秋初期，南方的楚国日益强大起来，先后向北吞并了汉水流域诸国，吕、申两国也被楚文王所灭。楚国占据这片既有沃野美壤，又有江河之便的土地之后，便在这里建置宛邑，作为问鼎中原的基地。宛这个地名就是从那个时候开始出现的。后来，宛由地域名先后演变成了"宛城""宛县""宛州""上宛县"等。时至今天，"南阳市"和"宛城区"都把"宛"当作它们约定俗成的简称。

13. 卧龙区。 1994年7月1日设立地级南阳市，设宛城区和卧龙区。三国时期的蜀国丞相诸葛亮没有出山前，在南阳隐居躬耕，当时人称诸葛亮为卧龙先生。诸葛亮隐居的地方后来被称作卧龙岗，因为卧龙岗纵贯辖区，所以建区时就命名为卧龙区了。

合群的大雁才能享受到欢快的飞翔，离群的孤雁只能发出凄惨的叫声。了解一个地方，融入一个地方，才有幸福和快乐可言。人是社会的动物，离群索居是每个人的痛苦。

祝你融入当地，收获更多的友谊，使生活变得更加幸福。

父亲
2019年11月23日

第36封信
摈弃零和思维,建立双赢格局

亲爱的孩子:

　　战国时期的陶朱公范蠡是我国的商圣,商人供奉的祖先。范蠡原本是了不起的政治家,辅佐越王勾践报仇雪恨灭了吴国称霸中原,功成身退,弃政从商。初下商海时由于本金微薄,只能接几个小额订单。范蠡发现吴越之地需要良马,他明白北方良马很多,他更清楚山高水长时有盗贼,从北方向吴越运马费用和风险都很大。为了把丰厚的利润挣到手,范蠡张榜公示:新建马队,开业酬宾,途经吴越,免费运货。说是公示,实际上就是向姜子盾发出的通知。从北方向吴越大宗运货的能有几人?主要是巨商姜子盾。姜子盾很有势力,早已买通了沿途强盗和官卡。姜子盾看到公示后如约而至,要求范蠡免费为他运送麻布,范蠡立即应允。成交之后,范蠡与姜子盾一路同行,匪徒官府概无阻挠,通关过卡,一路放行,安全抵达,姜子盾的颜面就是最有效力的通行证。你说这是范蠡为姜子盾免费运送了麻布呢,还是姜子盾免费为范蠡运送了良马?双方都达到了自己的目的,双方都赚足了银子,这是多么精彩的双赢运作啊。

　　马克思和恩格斯密切配合,专注于理论研究和社会运动,不计较生活琐事,常争论学术见解,共同创作了世界经济学名著《资本论》三卷,堪称伟大的友谊、伟大的合作、伟大的双赢。

　　摈弃零和思维,建立双赢格局。

有一种观点以为博弈双方都在努力追求自己利益的最大化,这一方的得利必然是另一方的损失,这一方得益多少,另一方就损失多少,每一方都是要么赢要么输,绝无和局可能。这就是零和思维。

零和思维发生作用的前提,是博弈双方共存于一个密闭体系之内,比如赌博,比如炒股,比如篮球比赛。现实生活中个人和个人、企业和企业、国家和国家的博弈,经常是在开放体系中进行的,是社会的博弈,社会之外还有自然界,还有太空。用更加宽广的视野来看待社会博弈,零和思维的局限性就得到了充分暴露。范蠡的利润不是来自姜子盾,姜子盾的利润也不是来自范蠡,他们的利润都是来自他们两个人这个封闭体系之外的外部世界——广阔而肥厚的市场,是他们两个人联手合作,共同赢得了市场。双赢不仅是可能的,而且是经常的,大量的。

如今零和思维已经渐渐丧失了它的统治地位,正在让位于双赢理念。

专家学者重新认识了龟兔赛跑的故事,并用新龟兔赛跑故事诠释了双赢理念。设龟兔赛跑不是只赛一局。首局,乌龟处于劣势,但是它不松懈,不气馁,坚持到了最后,它等待兔子犯错误,果然兔子中途睡觉了,所以结局是兔子输了,乌龟赢了。兔子不服,再赛次局,兔子吸取惨痛教训,把潜在优势转化成了现实优势,一鼓作气,第一名当之无愧。乌龟不服兔子确定赛跑路线,又赛第三局,兔子在乌龟确定的道路上一路领先,接近终点处,出现乌龟下的绊子——大河,兔子不会游泳,乌龟从容地游了过去,乌龟得了冠军。比赛很疲劳,它们握手言和,彼此充分信任、精诚合作和优势互补,陆上兔驮龟,水中龟驮兔,结果双方并列第一名,皆大欢喜,这就是双赢理念。

1945年诺贝尔生理学及医学奖得主是弗洛里、弗莱明和钱恩三人,他们的重要贡献是发现了青霉素。青霉素是青霉菌的分泌物,它和原子弹、雷达是第二次世界大战中的三大发明。弗莱明是英国细菌学家、生物化学家、微生物学家,他于1928年发现青霉素能有效杀死葡萄球菌。他没有申请个人专利,而是呼吁不同学科的更多的科学家密切合作共同研究。英国病理学家弗洛里和德国生物化学家钱恩,还有细菌学家加德纳和山德士等一批热心的科学家自愿组成了实验攻关小组。他们发挥各自的特长和优势,有的负责培养青霉菌,有的负责提取青霉素。1940年人类终于生产出了最初的青霉素制品。青霉素是人类找到的第一种作用强大的广谱抗生素,从此以后传染病无法治疗成了历史。为了青霉素,不同的科学家无私无畏,精诚团结,明确分工,密切合作,一丝不苟,认真工作,他们不计个人得失,只求人类健康。青霉素是科学家们合作双赢的产物。青霉素见证了他们团队的合作共赢。

青霉素团队的合作共赢,对我们有着十分重要的启示。加入一个团队,要想实现共赢,至少必须做到以下几点。

立足本职。谁都不要指望依靠个人就能把整个项目的工作做好,任何人都没有这个知识和能力,也没有这个时间和精力。每个人都要根据个人特长接受团队分工,承担整体工作中的一部分。自觉、主动、认真和专心致志地去完成本职工作。接受团队的监督,听从团队的指导,服从团队的指挥,正确对待他人的意见和建议,吸取他人的长处,发挥自己的优势,做好自己的工作。

摆正位置。以个体观察的时候,每个人都有好多长处;在这一个团队的时候,一个人在这方面有优势,到了另一个团队的时候,长处和优势可能会成为劣势和问题,要有一个平和的心态、接纳的心态,要收敛自己,接受现实,友好合作。

敢于负责。只要你工作,就难免出现问题,就难免发生错误,所有的问题和错误都是工作中的问题和错误,都是为了把工作做好而发生的问题和错误。出现问题,产生错误,没有什么羞耻之处,都是值得原谅的,只要你真心努力改正,只要这个问题和错误不是恶意的破坏。法国古典文学家弗朗哥就曾经说过:"我们所犯的过错,几乎都比用来掩饰的方法,更值得原谅。"不掩盖工作中出现的问题,不给自己寻找借口和设定台阶,勇于对自己的工作失误承担责任,不推卸责任,只要努力改进以期成功,这是每一个正直的有上进心的人所必须具备的基本素质。

肝胆相照。团队成员既要专心做好本职工作，又要相互帮助。别人存在缺点不足甚至错误的时候，要站在团队一体和合作共赢的高度，大胆指出缺点，提出批评。面对工作失误或者可能导致失误的缺点，如果视而不见，保持一团和气，都做好好先生，团队的战斗力必然低下，团队的凝聚力必然涣散，团队的事业一定失败。成功带来的一荣俱荣就会被失败导致的一损俱损所取代，共赢就成了子虚乌有，共输反而成了真实的存在。

　　虚怀若谷。要虚心接受别人的批评，认真反省自己的不足，不断学习新的知识和技术。批评就是帮助，批评的是缺点而不是个人，批评的是工作上的不足而不是生活上的责难，没有不虚心接受的道理。反省以图改进，所有的批评，只有经过自我内心的拷问才能发生作用，左耳朵进右耳朵出的批评意见毫无意义。已经做过的工作也只有经过反省才能总结经验教训，才能找到精益求精的增长点和增长方法。学习是为了更好，无论原来的知识多么渊博多么深刻，那都是一般的理论，在一个专项工作中，原有的知识总会显示出某种不足和缺陷，这就需要学习，缺什么学什么，用什么学什么，不断学习是做好工作的重要条件。

　　双赢不仅存在于经济领域、科技领域，更存在于政治生活、文化生活、专业技术工作、家庭生活、社会生活等人类生活的所有方面。双赢的实质，就是双方绝不欺骗，绝不狡诈，绝不阴谋，精诚合作、彼此信任，都充分发挥自己的优势，努力增进双方的利益。双赢不仅存在于人和人之间，也存在于自己和自己之间。不同的人合作，不同的人都可以是赢家。同一个人，处理好工作、学习和生活的关系，各方面都可以是幸福的体验。

　　孩子，与人共事要力求双赢，自己方方面面的事情也要处理好关系分配好精力。

　　祝你的人生赢在合作、全方位幸福。

父亲
2019 年 11 月 26 日

第37封信
心在哪里,世界就在哪里

亲爱的孩子:

"世界那么大,我想去看看",这是河南省实验中学一级教师顾少强的辞职信。这封辞职信不仅被网友称为史上最具人文情怀的辞职信,史上最任性的辞职信,史上最潇洒的辞职信,而且2016年5月31日被教育部和国家语委《中国语言生活状况报告(2016)》评选为2015年度十大网络用语之一。

顾少强,女,2004年毕业于河南师范大学教育系心理学专业,2004年7月入职河南省实验中学,任职11年后于2015年4月辞职。

心在哪里,世界就在哪里。

顾老师说,丈夫就是她的世界。"我想去看看",不是要周游世界做环球旅行。

顾老师的辞职,是考虑好久之后做出的决定,她希望改变一下工作方式和生活方式。辞职后她首先进行了一段时间的国内旅行,成都、重庆、杭州、绍兴、大连、洛阳、哈尔滨这几个城市留下了她的足迹,但是仔细想来真正属于旅游的恐怕只有哈尔滨和杭州,洛阳就在郑州旁边,大连不过是哈尔滨途中的栖息,成都属于早就设计好了的安家之地,重庆是回成都的捎带。她在青城山下的街子古镇开了个客栈,还可能再做一个青少年心理培训的项目,认认真真地结婚生子、工作生活,煞是安静。

现在的顾老师,是否在想"街子古镇就是我的世界""孩子就是我的世界"

"家庭就是我的世界""客栈就是我的世界""心理教育就是我的世界""养家糊口就是我的世界"？我想这也正是顾老师的心声。

也许不久的将来，顾老师的世界还是在郑州。

仅仅就旅游而言，它在人们的生活中也许非常必要，但是无论如何它都不能成为主要。旅游现在、将来并且永远是生活中的一个次要事情，人首先必须解决了吃穿住用行这些维持生命的最基础的需要。旅游永远是人生宴席上的副食，也许它并不是那么奢侈。

心学不能解决人世间所有的问题，理学不能解决人世间所有的问题，心理学不能解决人世间所有的问题，没有任何一个学问能解决人世间所有的问题。没得吃饿死了，没得穿冻死了，人都死了，还怎么享受旅游的快乐？

曾经有网友写了一副对联，上联：世界那么大，我想去看看；下联：钱包这么小，哪都去不了；横批：好好上班。

世界那么大，凭啥去看看？

用眼睛看，你要有一双明亮的慧眼。

用双脚看，你要有一副强健的身板。

用头脑看，你要有一颗用科学武装起来的头脑。

用本领看，你要有一套足以让你在社会立足的技术。

用金钱看，你要有一份受人崇敬且收入不菲的职业。

有人说外面的世界很精彩，怎不说外面的世界很平淡？有人说外面的世界很自由，怎不说外面的世界很无奈？有人说外面的世界很辽阔，怎不说外面的世界难立足？

做人嘛，不仅仅是有情怀就够了，必须有真功夫，真本领，必须有真金白银。所有的情怀，都是依靠非情怀来支撑的。

孩子，看到别人"情怀"的文字时，更要想想在别人"情怀"背后的非情怀。"千淘万漉虽辛苦，吹尽狂沙始到金"。

孩子，街子古镇和九州通衢，微型客栈和河南省实验中学，轰轰烈烈的辞职和平平淡淡的生活,这些都不需要去对比,不存在哪个好哪个不好,只有自己更喜欢哪个,更适合哪个。就如同天街和凡间、玉皇的宫殿和董永的茅屋哪个更好一样,心在董永身上,董永就是最美的世界。就如同医院和学校、病人和学生哪个更好一样,喜欢当医生,医生就是最美的世界,喜欢当老师,老师就是最美的世界。

孩子,透过"世界那么大,我想去看看"这么富有情怀的语句,我看到的是顾老师的心在哪里的问题。心在郑州,还是成都?心在教育,还是商海?心在学生,还是丈夫?心在学校,还是客栈?心在课堂,还是世界?

祝你专注于自己的世界,把自己的世界装点得最精彩!

父亲
2019 年 12 月 15 日

第38封信
心灯不灭,光明永存

亲爱的孩子:

对光明的追求是人的本能,对光明的向往是人的本性。

可是,人啊,人!你是否想过,没有黑夜就无所谓白昼,没有暗淡就无所谓光明。

光明是我们需要的,暗淡也是我们需要的;白昼是我们需要的,黑夜也是我们需要的。

这个世界上所存在的一切都是我们所需要的。

承认现实,尊重事实,是我们做人应该具备的基本素质。

不经历风雨哪能见彩虹?

不经历坎坷哪能懂坦平?

不经历动荡哪能明太平?

不经历黑暗哪能知光明?

假如天黑了,阳光走了,月光又没有来,仅有的星星也被乌云挡在了视线之外!

在没有光亮的世界里,我们同样可以做到明察秋毫,因为我们有的是思维和智慧。

光明在哪里?在我们自己的心中!

光明存在于我们的心中,黑暗也存在于我们的心中。只要心中充满了光

明,黑暗就失去了存身之所、立足之地。所以,我们必须高声呼喊:

只要心灯不灭,光明就会永存!

孩子,无论何时何地,无论何人何事,你对克服一切艰难险阻都要有信心,要永远充满希望,满怀信心,朝着心灯点燃的目标去,用奋斗获取属于自己的光荣。

祝你初心不改,砥砺前行,心灯常亮,光明永存。

父亲
2019 年 12 月 18 日

两情若久长,岂在朝暮间

第❸❾封信
麦穗和大树,苏格拉底的智慧

亲爱的孩子:

梁山伯与祝英台,白素贞与许仙,牛郎与织女,孟姜女与范杞梁,张君瑞与崔莺莺,罗密欧与朱丽叶,杰克与露丝……

"情不知所起,一往而深。生者可以死,死可以生。"生命诚可贵,爱情价更高。爱情,是生活的亘古不变的主题,因而也成了文学讴歌的永恒的瑰丽。爱情这个美好的词,不分性别,不分学历,不分信仰,不分地域,不分贫富,让所有的人都心向往之,都激动不已。

什么是爱情?爱情就是心甘情愿的付出,不计回报的奉献,全力以赴的给予。养一个宠物,喜欢一只猫一只狗,都需要心甘情愿供奉它吃穿住用付出物力,都需要心甘情愿为它洗澡带它遛弯付出人力,都需要给它接屎接尿付出尊严,都需要对它的捣乱付出忍耐,都需要对它的体味等负面东西不加计较。何况是爱一个人呢?爱情无论怎样心甘情愿,无论怎样不计回报,无论怎样全力以赴,无论怎样宽容,无论怎样忍耐,都不是图热闹,不是唱高调,不是喊口号,最终是必须落实在行动上,落实在生活中的。钱钟书在"见到她之前,从未想到要结婚;娶了她几十年,从未后悔娶她,也未想过要娶别的女人,她绝无仅有地结合了各不相容的三者:妻子、情人、朋友",对杨绛爱得深沉厚重,爱得刻骨铭心。一代大师钱钟书对杨绛关怀备至,做饭洗碗,拖地抹桌,家务活干了一辈子。爱情其实并不神秘,就是这么简单,简单到爱情就是生活本身,就是一个个的生活细节,一件件的家庭琐事,一串串的关心照顾。两个人,互相搀扶着走过人生路,互敬互爱、互信互帮、互慰互勉、互让互谅、互惠互利,这就是爱情。

爱情是在麦田里采摘麦穗,不能回头,只能采一次,在麦田这边时想着最好的在前方,到了麦田那边时却发现最好的已经成了不可回头的过往。在眼花缭乱中,在患得患失中,那颗最饱满最金黄最硕大的麦穗,一般是采不到的。

婚姻是在森林中砍伐树木,同样不能回头,同样只能砍一次。有了爱情的前车之鉴,在害怕错过的心态作用下,在志在必得的奋力追求中,人们砍伐到的树木基本上不是最高大最茂盛最粗壮的那棵,而是一棵普普通通的树。

人们都是依靠一棵普普通通的树木来生活的,幸福的日子来自普普通通的树木,对于这棵普普通通的树木,要有一颗赤诚而滚烫的心,为对方着想,点点滴滴,时时刻刻。最好的麦穗和最好的树木都与幸福无关,无须劳神费心。

希望你能在苏格拉底的智慧中领悟到爱情和婚姻的真谛。

要理解,要尊重。丈夫不满意妻子做的饭菜,就厉声厉色地批评:"你烧的这哪里是青菜?蜡黄蜡黄的。"妻子很委屈,随口应声:"你每天回家都这么晚,当然不会知道青菜是冷了再热热了再冷多少次,刚炒出来的时候它也是'青春'靓丽,色香味俱全。"丈夫吴夏令和妻子张莲芝是浙江省玉环县芦浦镇尖山村的一对夫妻,经济并不富裕,内心却无比幸福。他们相互理解互相支持,是有名的爱情模范。吴夏令是村干部,村里工作头绪繁多,事务繁忙,家里的许多事情都无暇顾及。张莲芝主动承担了照看小店、做家务、种菜等大部分家务。其实张莲芝还担任村里的网格员,工作也很忙,每天晚上做完家务还得去巡查网格工作,家里家外有条不紊。她是吴夏令的贤内助和坚强后盾,吴夏令感动不已,后来他就开始主动接孩子,学着做家务。谁挣的钱多,谁做的家务多,谁更辛苦,谁更轻松,他们从来不计较,满满的都是理解,满满的都是尊重,和睦相处,温馨幸福。

岁月,只有静,才是好,所以人们常说岁月静好。平静,安静,恬静,冷静,心静。静静地思考,什么都可以想,什么也都可以不想。想什么,想到什么,一切都是那么顺其自然,自然而然,浑然天成。

夫妻生气,只是情绪的波动。这种波动,是夫妻之间亲密关系的另一种表现形式,夫妻生气是深爱着对方的另外一种表现形式,而且它仅仅是波动那么一下下而已,不必要讲那么多道理,只需要表现出足够的爱心。要理解,要宽容,要允许,更要用最大的耐心去安抚和慰藉。天还有一个天阴下雨、刮风寒冷、闪电雷鸣的时候呢,人为什么就不能有几次心情波动?人为什么就不能偶尔生生气?夫妻朝夕相处在一起,有那么多的事情要共同去面对,好多时候两个人认识方法不同,处理方法不同,再加上生活节奏那么快,家庭事务和工作事务那么繁重那么劳累,人们本来就已经够身心疲惫的了,因此也没有时间坐下来心平气和地沟通和交流,心中产生不理解,不认同,甚至不接受,因而产生不冷静,吵吵嘴,生生气,心中有点怨气,嘴上说几句怨言,要点小性子,采取点赌气的行为,也是再正常不过的事情。好妻子,要珍惜。幸福生活,需要智慧。生气的时候,不如给对方几天时间,也是给自己几天时间,双方都冷静地思考一些问题、总结一些事情。总结一下过去,哪些做得对,哪些做得不对;筹划一下未来,今后什么要做,什么不要做,要做的事情怎么去做,以什么样的态度和什么样的方式去做……

苏格拉底,不仅是彪炳史册的哲学家,还是善于生活的智慧者。他的妻子克桑蒂贝是个性格强悍的人,脾气很大,而且和大多数女人一样爱絮絮叨叨。有一次克桑蒂贝生气泼了他一身脏水,他幽默地解嘲说:"我早就说过,克桑蒂贝的雷霆是在暴雨中收场的。"还有一次克桑蒂贝生气,在大街上就扯掉了他的外套,在场的朋友愤愤不平,竟然唆使他打克桑蒂贝两个耳光,他却反问道:"你是等着我们俩打起来后鼓掌助兴和看热闹吗?"有朋友受不了克桑蒂贝的絮叨,他却说:"你能不讨厌给你下蛋的鹅没完没了的咕咕叫声,我也早就喜欢上了给我生孩子的妻子的唠叨,就像习惯了辘轳的不间断的咕噜声。"苏格拉底深深地爱着克桑蒂贝,前提是克桑蒂贝是深深地爱着,也理解和支持自己丈夫的好妻子。她对丈夫的生活起居照顾得细致入微。丈夫请人来家里吃饭，她总是认真做饭，生怕饭菜不好扫了客人的兴，丢了丈夫的面子。她非常支持丈夫的事业。丈夫的工作是哲学，工作方式是谈话，她非常尊重丈夫的选择，从来不嫌弃丈夫高谈阔论，只要是为了丈夫的工作，她总能做出无私的奉献，甚至在丈夫临终时，她还强忍着内心的悲伤，把本该属于她的时间让给丈夫的同事，帮助并支持丈夫和同事们讨论世界。

关心丈夫生活、支持丈夫事业的妻子，配得上丈夫任何形式和任何程度的宠爱。有人嘲笑胡适"惧内"，胡适却说这个惧是惧怕优秀的妻子离他而去，是对妻子的爱。江冬秀是个小脚女人，她和胡适的婚姻是包办婚姻，但是他们的婚姻生活却越来越幸福，这个婚姻是包办对了，因为江冬秀是个十分出色的女人，十分贤惠的妻子，给了胡适足够多的关心、支持和帮助。

著名男高音歌唱家阎维文和夫人刘卫星的爱情令人羡慕。阎维文在谈生活感悟时说："夫妻之间最重要的是彼此间的信任与尊重。我的工作需要她了解和理解。夫妻一定要互相支持、互相尊重。""家里不是讲道理的地方，而是讲爱的地方。如果家人、夫妻间一定要争高低或者长短，日子一定不好过。家中要有爱，不应计较是非。"他介绍自己和妻子的相处之道时说："在外，男人毕竟要面子，妻子会很注意这一点。在家中，男人就应该尽量听妻子的，因为妻子一定是真心为我好的。"有了理解，有了尊重，就避免了吵架，所有的吵架都是会伤感情的，所有的和睦都是会增进幸福的。

孩子，祝愿你爱情甜蜜，事业昌盛。

父亲
2019 年 9 月 24 日

第❹⓿封信
相信爱情，不要拖了事业的后腿

亲爱的孩子：

人们常说，不要在该动脑筋的时候动了感情，不要在该奋斗的时候选择了安逸，就是因为人生在不同的阶段都有不同的任务和事情。长身体，抓学习，求爱情，找婚姻，育子女，干工作……每个阶段都集中精力把这个阶段的事情做好，就是幸福的人生。

1930年英国王子爱德华认识了沃丽斯。沃丽斯是美国人，37岁，美丽大方，端庄娴雅，已经有过两次婚姻，王子陷入爱河而不能自拔，开启了甜蜜浪漫的7年之恋。1936年爱德华继承王位，成了一位平易近人的君主，十分关心穷人的疾苦，深受人民的爱戴。爱德华要同沃丽斯结婚的消息引起了轩然大波。沃丽斯是贫民出身，外国血统，而且不是初婚，这不符合英王室选妃条件，王室绝对不允许爱德华和沃丽斯结婚。爱德华不爱江山爱美人，放弃王位，选择了沃丽斯。爱德华对爱情的忠贞和追求，感动了无数世人。

如果爱德华不爱江山爱美人还给世人留下了点美谈的话，那么沉迷于爱情耽误了事业的人，给世人留下的基本上是骂名。

吴王夫差因爱情灭国。西施本是乡下民女，越王勾践派人带回会稽，花了三年时间，训练她唱歌、跳舞、步态、礼仪等，使她达到第一脸蛋儿好、第二身段儿好、第三歌舞好的超级美女标准。吴王夫差沉迷于爱情，为了西施大兴土木，建设了好多西施喜欢的娱乐场所，只顾游乐嬉戏，不理朝政。夏桀爱妹喜，商纣王爱妲己,周幽王爱褒姒,夫差爱西施,最后落得的都是亡国丧生的结局。

要相信爱情,不要让爱情拖了事业的后腿。

事业,是人的一生中最为璀璨的瑰宝。男人的事业,就是男人的尊严和生命。没有社会地位,就没有家庭地位。社会看不起的男人,妻子必将看不起,子女必将看不起。

优秀的男人志存高远,不偏安于一隅,不局限于小家,胸中有国家,勇敢闯世界。男人闯出多大的天地,工作取得了多大的成就,为社会做出了多大的贡献,就是为妻子儿女谋得了多大的福利。

优秀的女人,是激励、支持和帮助丈夫在事业的天空中飞得更高飞得更远的女人。阻碍丈夫事业发展,拖丈夫事业的后退,是愚蠢的女人。女人的愚蠢,其代价必然是子孙的艰辛和卑微。索菲亚是大文豪托尔斯泰的妻子,好多人不喜欢她,说她顽固、小心眼、爱财,但是她确实是个非常优秀的女人,非常出色的妻子,她全力支持丈夫的文学创作,把家务活全部承担起来,生活中那些琐碎的事情绝不让丈夫操心,好让丈夫一心一意进行文学创作。如果没有索菲亚这样的好妻子,托尔斯泰也许就成不了文学家。卡耐基说:"太太想要帮助丈夫在事业上取得成功,需要做两件极为重要的事,第一是爱他,第二是让他自己去勇闯天下。"适时的鼓励对男人来说是非常重要也非常必要的,如果说男人是发动机,那么女人的鼓励就是燃料,男人在得到女人鼓励的时候,奋斗才有动力。男人在为事业奋斗的过程中,难免会走一些弯路,难免会遇到一些挫折和失败,难免会遭受一些打击,严重的时候会对事业丧失信心,甚至会一蹶不振。在这样的情况下,如果能得到妻子的鼓励和支持,事情就会有戏剧性的转折。

个人发展不应该羁绊于家庭,不应该依恋于家乡,不应该局限于地域,不应该故步自封,不应该自己给自己设限。大胆地闯大胆地冲,放开手脚去奋斗,事业有了发展,工作取得了成就,衣锦还乡,才是真正地忠于家庭、热爱家乡。平平庸庸,浑浑噩噩,是家庭的累赘、家乡的负担。刘邦不离开江苏,就是一个乡长,离开江苏成了皇帝。钱伟长不离开江苏,就是一个乡间的国文老师,离开江苏成了科学家。周恩来不离开江苏,就是一个文书,离开江苏成了总理。毛泽东少年时候在父亲的账本上写下了"孩儿立志出乡关,学不成名誓不还。埋骨何须桑梓地,人生无处不青山",缔造了共和国,带领中国人民站了起来。刘邦、钱伟长、周恩来、毛泽东,不仅是他们家庭的骄傲,是他们子孙后代的骄傲,是他们家乡的骄傲,更是全国人民和中国历史的骄傲。相爱的两个人组成一个家庭,承担社会的分工,履行公民的义务,对小家大家都有不可推卸的责任,两个责任难免会有冲突,聚散离合必然是生活的常态。相爱未必要相守,相亲未必是拖累,为了事业,分别不等于分离,相送不等于相忘,再见不等于不见,进修、访学、出差,这些事情都是经常要发生的,工作调动,寻找实现人生价值更好更宽阔更适合的舞台,也是必须要面对的情况。要本着支持和鼓励的心,去促成彼此事业的发展。

　　爱的时候真心诚意,不爱的时候平心静气。夫妻本该一体,家庭应是爱窝,谁对谁错、谁是谁非、谁高谁低、谁强谁弱这些问题,在夫妻恩爱的时候没有意义,在日子无法过下去的时候同样没有意义,分开就是路人甲,头脑没有毛病的人是不会去和路人甲计较的。所有的生气,所有的埋怨,所有的指责,所有的诋毁,都只会让两颗相爱的心产生距离,只会使两颗健康的心受到伤害。世界上没有谁离不开谁这个事情,东方不亮西方亮,黑了南方有北方。天生不匹配的,不要勉强,勉强的结果是害了自己也害了对方,勉强到了一起就毁掉了两个人一辈子的幸福。注定得不到的,完全应该心甘情愿地放弃,回归本真。天外有天,人外有人,优秀的人不计其数。风物长宜放眼量,天下何人不识君。

　　孩子,你要学会以平静的内心去对待形形色色的人和人世间所有的事。

　　祝你生活美满,事业昌盛。

父亲
2019年9月26日

第❹❶封信
人总要活得有个样子

亲爱的孩子：

　　爱情是最为美好的花朵，是人类文明的重要成果和具体表现。在这一点上就连天宫里的神仙都对人类羡慕不已，我国古代有好多仙女下凡的神话故事，至今还在流传。七仙女为了爱情，抛却天堂的荣华富贵，下得凡间依恋董永，过着清贫的日子也其乐融融。三圣母违反天庭法规，爱上凡间俗人刘彦昌，还生下一个可爱的男孩沉香，她的哥哥二郎神带领天兵天将去捉拿她交给天庭最高领袖玉皇大帝，她被压在华山底下也不改初衷。

　　在神仙爱情里头，影响最大的大概要数牛郎织女的爱情。牵牛星和织女星萌生情愫，是一对沉浸在幸福中的热恋情人，奈天庭禁欲，不允许男欢女爱，他们双双都受到了严惩。牵牛星被贬下凡间成了最为贫苦的农民，被贬下凡是个什么处分？等于是判了死刑。转生贫苦农民，等于死刑里头最严厉和最残酷的那种。织女星是王母娘娘的孙女，爱情美好到了什么程度？对人有多大的诱惑？看看牵牛织女接下来的经历。在天愿作比翼鸟，在地愿做连理枝。织女追牛郎也到了凡间，结婚，生子，好不幸福。天庭紧追不放，继续处罚他们，拆散他们的家庭，把织女押回天庭，牛郎又紧紧追求，又肩挑着儿女追到了天上。银河两侧，天各一方，千年万年，不改初衷。七月七，鹊桥会，成了中国人几千年来的一个盛大的节日。

　　直至今天，人间的爱情依然感动着天上的神仙，常常让仙女们羡慕不已。

有诗为证。

祥云瑞气踏高岭,那笑那柔那精灵。登高一呼娓娓辞,唤醒山间众有生。

漫坡春花赏娇妍,林间青草长三分。松柏翩翩妙曼舞,喜鸟阵阵婉转声。

雏杏翼翼献美味,轻风徐徐送香馨。褴褛帐篷守木人,情真意切三叮咛。

凌霄仙子争相睹,摇动凡间儿女心。佛道两君齐护佑,吉人福德伴乾坤。

孔子在《礼记》中说"饮食男女,人之大欲存焉",孟子也说过"食色,性也"。人生在世,有着许多与动物类似的东西,但不是完全相同,完全相同了人就不成为人了。饮食男女,就是人与动物类似之处。但人之饮食与动物绝对不相同,人要做熟了再吃,还要借助于刀叉碗筷盘碟等餐具去吃,要吃有吃相,还要讲究个色香味俱全,在一定的规矩礼节下去吃,一句话,人有一整套饮食文化和饮食文明。至于男女之间,人要讲爱情,要讲规则,要讲道德,要讲法律,生儿育女要讲优生优育,结婚嫁娶要讲直系血亲和三代以内旁系血亲不能结婚。这都是人和动物的不同之处。在爱情这个事情上,人与动物同样是有区别的。

做人要有个人的样子。

在爱情上,中国人追求的境界是"乐而不淫,哀而不伤"。乐而不淫,哀而不伤,这是孔夫子对《关雎》的评价。

《关雎》是一首爱情诗,是《诗经》的第一篇,是对"饮食男女,人之大欲存焉"的一种诠释。

"关关雎鸠,在河之洲。窈窕淑女,君子好逑。参差荇菜,左右流之。窈窕淑女,寤寐求之。求之不得,寤寐思服。优哉游哉,辗转反侧。参差荇菜,左右采之。窈窕淑女,琴瑟友之。参差荇菜,左右芼之。窈窕淑女,钟鼓乐之"。

对爱情的追求本来就是美好的事情,应该是白天想晚上梦的"寤寐求之",美好的事情不应该和丑恶伴生。但是在求而不得怎么办、求而既得又如何办等问题上,不同的人有不同的回答,有不同的想法,有不同的行为。自己看中了一个心仪的人,使出浑身解数去追呀追,但人家不喜欢你,最终没追上。或者情投意合已经走在一起,又因为相处太难不得已而分手。有的人就走了极端,因而产生了一些丑恶的现象。有的人死缠烂打,无理纠缠;有的人制造谣言,诋毁形象,污辱人格;有的人进行身体攻击,见面先打两个耳光,拳脚相加;有的人甚至采取更加极端的做法,毁人容颜,谋害性命;还有的人自残身体,自寻短见。这都和动物一样,如果你不喜欢我,就把你吃掉,即使你跑得快,也要咬下你一口毛。人不应该这样,求之不得,只能在漫漫长夜里想想办法,寤寐思服,辗转反侧,检讨一下自己哪里做得不对,哪里做得不够出色。如果真的不合适,人各有志,要有修养,要善于尊重人,尊重人一个很重要的方面就是尊重人家的选择,谁也不要勉强谁。莫愁前路无知己,天下何人不识君?友好地说一声珍重,去寻找属于自己的那颗星星。这才是"哀而不伤"。

两人互不反感,经过相处心生爱慕,坠入爱河,发展成了热恋情人。恋爱中的青年男女,走在大街上,游在公园里,坐在公车上,在所有的公共场合都必须遵守公共道德。无视他人存在,放肆自己行为,爱得很厉害很猛烈,什么亲昵的动作都能做得出来,什么不雅的动作都不回避,这就不符合"乐而不淫"的要求。拍电视,拍电影,有的导演也很不讲究,很随意,甚至很刻意,为了票房价值,为了经济利益,不顾公序良俗,好像没有不雅的镜头就不是优秀作品一样,这和鸡狗又有什么区别?乐是乐了,但乐得过了头,确实有点放荡,是乐而至淫了。情投意合,也只能是琴瑟友之,钟鼓乐之,公共场合遵从社会公德,不做有伤风化的举动,把公共场合和二人世界的私密空间区分开来,这才是"乐而不淫",这才应该是人之所为。

所有这些不符合"乐而不淫""哀而不伤"的行为,对它要有一个正确的认识。第一,要知道这毕竟是极少数。爱情问题是所有人都要遇到的问题,一厢情愿的单相思,中途分手的追梦人,恋爱之中的小纠纷,花前月下,形影成双,卿卿我我,这都属于常态,绝大多数都没有发生极端行为,绝大多数都符合"乐而不淫""哀而不伤"的要求。做一个正常人,做一些正常事,谈一场正常恋爱,应该成为自己的基本观点。一定不要让那些极端的行为和出格的行为发生在自己身上,那是人生的污点。第二,极端的和出格的行为举止,尽管是个例,是少数，甚至是极少数，但是影响极坏。人类有一个通病，什么事情越发极端，什么事情越发不符合规则，什么事情越发不正常，什么事情就越发能吸引眼球，人们常常把个例挂在嘴边。好事是这样，坏事也是这样。第三，这些极少数现象，不仅是非常错误的，而且是非常恶劣的。人的行为都是受思想观念支配的，这个极少数人，没有正确的价值观，不懂得什么对什么错，不懂得什么好什么坏，不懂得什么是光荣什么是耻辱。做人，要十分注意个人的修养，端正自己的思想，端正自己的认识，立足正常，争取高尚。

孩子，青春年华，追求爱情是光荣的。年轻人最容易犯的错误就是感情用事，在追求爱情的过程中，绝对不要影响别人的利益，不要挑战社会的承受程度，不要违反社会的公序良俗。做一个文明的青年人，这是最起码的修养。

美好的年华应该匹配美好的爱情，美好的爱情要送给美好的人，对美好的人的美好的爱情要通过美好的方式表达。祝你爱情美满！

父亲
2019 年 9 月 28 日

第㊷封信
给孩子选一个好妈妈

亲爱的孩子：

　　古今中外，人类出现过各种各样的背叛，其情谊之寡薄、种类之众多、头绪之繁杂、手段之卑鄙、动机之龌龊，都远远超出了任何人的想象，但是极少出现背叛子女的妈妈。母爱的无私与伟大，远远超出了任何人的想象。

　　妈妈是孩子来到人间的第一个朋友，第一个熟人，第一个老师，每一个孩子都是在妈妈的引导下从怀抱走向世界走向未来的。爱因斯坦幼时发育不良，学说话比同龄人最少晚两年，上小学后手工作品简直不堪入目。周围的人无不投来嘲笑的目光，无不露出鄙视的神情。爱因斯坦的妈妈心中装着满满的爱和高度的责任感，她给了爱因斯坦无比的信任和无限的鼓励。小爱因斯坦搭积木比别的孩子都"愚笨"，妈妈耐心等待，每搭高一层妈妈都要夸奖一次，得到鼓励的爱因斯坦把积木越搭越高，最后搭出了物理学的巅峰之作《相对论》，"愚笨"的爱因斯坦创造的高度超出了所有的"聪明孩子"。《相对论》里凝结着更多的是伟大母亲的功劳。而我们熟知的神童方仲永，五岁就能"指物作诗立就"，但家庭不重视教育，"不受之人"，不拜师学习，爸爸领着他四处挣钱，最终落得个"泯然众人"的结局。有个好妈妈，笨孩子也能成为伟人。没有好妈妈，神童也能变得平庸。

　　林肯带领美国人民进行了艰苦卓绝的斗争，取得了南北战争的胜利，实现了美国的统一，结束了残暴的奴隶制的生命，是世界公认的美国最伟大的总统之一,他对美国和人类的功勋不亚于美国国父华盛顿。每个人在来到这个世界之初都是一样的婴儿赤子,是后天的培养教育,使这些婴儿赤子有了不一样的发展和不一样的成绩。美国历史上只出现过一个林肯,林肯能够成为林肯,有赖于他妈妈的培养和教育。林肯的妈妈有一个基本的观念:"与其留给子女百顷土地,不如留给子女一本《圣经》",她认为读书是丰富内心世界的大事,知识可以改变命运;她认为向善是强大自我的根本途径,唯有向善能所向披靡。林肯的精彩人生,是妈妈一手缔造的。林肯伟大,得益于他有一个更伟大的妈妈。

一个好母亲,就是一个好家庭,就是一群好孩子。所有的伟人都是伟大的妈妈培养出来的,所有的平庸之辈、所有的人间败类也是由不称职的妈妈培养出来的。

你孩子的妈妈,怎样处理家庭内部各种关系,怎样经营她和你之间的关系,怎样调节引导你孩子的成长和发展,关系到至少三代人生活的幸福指数,甚至更多。

男二十二周岁女二十周岁是国家法定的结婚年龄。给孩子选一个好妈妈已经成了摆在你面前的人生重大课题。

给你的孩子选择一个伟大的妈妈,你的孩子就能成为伟大的人物。

在你考虑孩子妈妈人选的时候,至少要处理好以下几个关系:

品德和相貌的关系;

习惯和才华的关系;

勤奋和聪明的关系;

职业和出身的关系;

未来和眼下的关系;

健康和身材的关系;

本领和财富的关系。

孩子,婚姻自主,谁都不能包办和干涉你的婚姻,包括父母。但是,我想,作为父母,依据自己的人生经验和人生思考,提几点建议,我们还是既有这个义务,也有这个权利的。

婚姻和爱情比较,婚姻对人的影响更大。爱情对生活和事业,是通过婚姻来发生作用的。

祝你能有幸福如意的婚姻,你的孩子能有一个优秀的母亲!

父亲
2019 年 12 月 1 日

第43封信
离开品德,美貌就毫无价值

亲爱的孩子:

　　给你的孩子选择妈妈,品德是必须放在第一来考虑的最重要的因素。没有高尚的品德,纵然相貌赛过仙女,也是绣花枕头,是个徒有外表的空壳,没有实质性的内容,这样的容颜毫无意义,甚至还会带来好多负面的影响。

　　品德高尚的女人懂得顾全大局,能够站在整个家庭的立场上来思考问题,父母一代、子女一代、自己一代,物质方面、精神方面、发展方面,方方面面的关系都能够周全,她心中有整个家庭,心中有所有的家庭成员,心中有家庭的美好未来。东汉人梁鸿,平陵(今陕西咸阳市)人,刻苦好学,才华横溢,相貌堂堂。他和妻子孟光是一个县的老乡。孟光长得奇丑无比,黑不溜秋,粗皮糙肉,身材矮小,像个男人。为了考验梁鸿,结婚那天孟光浓妆艳抹,梁鸿很不高兴。梁鸿说,夫妻应该同甘共苦,浓妆艳抹怎么干活?孟光听了觉得自己没有选错丈夫,立马就穿上粗布衣服,扎起头发,承担起了对家庭的责任。他们男耕女织,相敬如宾,生活令人羡慕不已。孟光在端饭送菜给梁鸿的时候,把案板举得和自己眉头一样高,用这样的方式表示对丈夫的敬重。成语"举案齐眉"就是这样来的,是对这个品德高尚相貌丑陋的女人孟光的千古赞美。自从南唐后主提倡缠足开始一直到中华民国,在漫长的历史时期里,中国人对女人的审美一直都是重在看脚,小脚为美,大脚即丑。朱元璋出身贫寒,起初是乞丐,后来是土匪,娶了脚大无比的马氏做妻子。马氏和他同甘共苦患难与共,帮他平定了天下，登上了皇帝宝座。朱元璋对马氏始终尊重，马氏提出的建议朱元璋一般都能认真考虑。马氏劝阻朱元璋给自己亲戚封赏，劝阻朱元璋陷害功臣，马氏在朱元璋打天下和坐天下中都对他帮助很大。马氏是朱元璋的贤内助，德高望重，功勋卓著，是朱元璋糟糠之妻不下堂的大脚马皇后，是朱元璋的唯一的皇后。

没有高尚品德的女人，思想浅薄，说话刻薄，做事轻薄，这样的女人容颜越美好，对家庭对丈夫对孩子的祸害就越不可估量。潘金莲的容颜大概是无可挑剔的，但这个漂亮没有成为大郎的福气，反而成了本应该平安度日的老实本分善良憨厚的炊饼大郎的索命魔咒，成了带着为民除害打虎英雄光环的二郎走上梁山落草为寇的指路人。

一个人的容颜必将随着时光的流逝渐渐失去原有的光泽，一个人的美丽必将会随着审美的疲劳对眼球失去原有的引力，但是一个人的美好品德却是一坛陈年的老酒，越是久远就越是甘醇，这样的甘醇是任何琼浆玉液都无法比拟的。女人具有了美好的品德，就越是年长才越有吸引人心的魅力，才越发让人心悦诚服。所有的婚姻都是始于颜值，终于品德。

如果单单从智商来说，一般地讲，相貌漂亮帅气的人智商是差不到哪里去的。人类进化总的趋势是不断向上向好，智商越来越高，容颜越来越漂亮帅气，而且容颜的姣好程度和智商的高低是成正相关的。在现实生活中，如果我们留意一下就会发现，那些先天就弱智的人、愚蠢的人，相貌的发育总是有不少问题，眼睛斜的，嘴巴歪的，面部肌肉僵硬的，五官布局不合理的，总之是他们的容颜和美字无关。他们的身体发育也存在不少问题，主要表现是动作不协调，口水难控制，表情太单调，头部器官和头颅形状与常人不同，总之还是不够美。一般地说，相貌堂堂的人就是很聪明的人。相貌与智商存在着比较强烈的关系。但是，相貌与品德无关，品德是后天习得的，品德的高尚是人类在文化上的进步，与智商无关，与身体无关，与相貌无关。我们也发现，相貌堂堂也可以品德一般甚至恶劣，也可以懒惰懒散，也可以没有好习惯，也可以没有后天习得的一切优秀成分。

　　当然了,爱美之心人皆有之,能找到品德和容颜都美的女孩做你孩子的妈妈,那是最好不过的事情。如果两者不可兼得,你一定要把品德放在第一位。

　　祝你能有幸福如意的婚姻,你的孩子能有一个优秀的母亲!

父亲
2019 年 12 月 2 日

第44封信
习惯好,人生才可以幸福

亲爱的孩子:

　　习惯和才华,哪个更重要？如果两者不可兼得,应该首先考虑哪个因素？这是每个人必然会面对的问题。

　　习惯属于非智力因素,对一个人来说,有什么样的习惯就有什么样的命运。习惯是在日常工作、学习和生活中养成的,它是观念和行为的长期积淀,最主要的表现是对细节的打磨,关注细节,把握分寸,精益求精,这就是好习惯。好习惯犹如人生的指南针,为人生的幸福指引方向。生活没有规律,办事没有章法,没有时间观念,没有精品观念,不重视细节,工作学习生活中随意作为,随意不作为,就是坏习惯,坏习惯是不幸福的导火线,随时可能引发人生当中的不幸事件。习惯几乎就是态度,态度决定高度。有了良好的习惯就能自觉自愿地去做自己应该做的事情,工作也罢,生活也罢,对丈夫也罢,对子女也罢。一个人所有的美德都是在良好的行为习惯基础上产生和发展起来的。

　　传说有一个青年拜师学艺,跟着师傅学理发,起初在冬瓜上练习用刀的基本功,练得非常刻苦,技术长进很快,但是在练习过程中养成了一个把剃头刀顺手插在冬瓜上的习惯。师傅多次指正,他自己觉得这不算什么问题。出师后他自己开了一个理发店,有一天上午他正给一位客人剃头,忽然妻子喊他有点事情,他顺手把剃头刀一插,客人的脑袋就血流如注了,他把客人的脑袋当成冬瓜了。这虽然是个传说,却值得我们深思,坏习惯都是大祸害。想着自己绝对不会把剃刀插在人头上,绝对不会犯了这样的低级错误,但是呢,到了关键时候,人的行为不是由大脑指挥的,而是一种习惯性的本能动作。生活中常常有这样的事情、祸不单行,坏事情,不幸的事情会接二连三地发生在同一个人身上。为什么?这都是平时养成的坏习惯在起作用。上学的时候,为什么成绩优秀的人哪科都优秀?工作以后,为什么工作突出的人各方面都突出?生活中,为什么日子幸福的人哪方面都幸福?都是平时养成的好习惯在发生作用。人生的幸福和不幸,都是源自于自己平时养成了一种什么样的习惯。

习惯问题都是细节问题,不管干什么事,也不管对什么人,细节打磨好了才可以凿出精品。习惯好,人生才可以幸福。所有优秀女人之所以能在相夫教子上取得卓越的成就,都是得益于良好的习惯。妈妈丢三落四孩子也丢三落四,妈妈杂乱无章孩子也杂乱无章,妈妈没有规矩孩子也没有规矩,妈妈邋里邋遢孩子也邋里邋遢,妈妈自私自利孩子也自私自利,妈妈懒惰孩子也懒惰,妈妈注意力不集中孩子注意力也不集中,妈妈没有耐心孩子也没有耐心,妈妈没有时间观念孩子也没有时间观念,妈妈没有纪律观念孩子也没有纪律观念,妈妈抓不住重点孩子也抓不住重点,孩子的一切都是受妈妈影响由妈妈教育的。

我国近代伟大的思想家、文学家和哲学家胡适说:"我的恩师便是我的慈母。"德国大作家歌德说,他所拥有的敏感和想象力,都得归功于她的母亲——温柔而快乐的卡特琳娜·伊丽莎白。共和国的开国元勋朱德回忆母亲说,母亲是爱劳动的人,总是天不亮就起床,把一家20多人的饭煮了,还要种田,种菜,喂猪,养蚕,纺棉花。伟大的物理学家诺贝尔奖得主杨振宁说,母亲罗孟华"做任何事情都不是从个人出发,她从来都把丈夫与孩子放在第一位。对她来说,这是绝对的一件事。我想,人的思想如果把一件事情变成绝对化以后,就变成一种力量,我从我母亲身上就感受到了这种力量。意志非常坚强"。杨振宁的个性和作风,如精神气质,都是来自母亲。她非常重视孩子们习惯的培养,一般人看不上的小事,她也要严格要求,经过耐心坚持硬生生地把杨振宁

"左撇子"的坏习惯纠正了过来。她十分爱干净,总是把家里收拾得干净整洁,十分温馨。她经常给杨振宁讲故事,关键时刻杨振宁不时地发问,她的回答总是很耐心。她有良好的学习习惯,只念过私塾,读写能力都是自学的。她重视教育,文化水平还不如20世纪20年代的初中生,竟然在一年之中教杨振宁认识了3000多个汉字,这让杨振宁一生受益。

优质企业招聘工人对习惯都有较高的要求,面试迟到几分钟都不予录用,别在胸部的企业徽章没有戴正都能成为企业开除员工的理由。给孩子选妈妈是一个人的终身大事,寄托着一个家庭几代人的幸福,更应该把习惯放到重要位置来要求。

我们之所以要把习惯放到重要位置来考虑,把它看得比才华更重要,还是因为习惯是在青少年时期养成的,甚至在婴幼儿时期习惯的养成就开始了,一个成年人在习惯方面基本是定型的,几乎无法再改变。有的青年人在择偶时候明知对方没有良好的习惯,还下定决心要去帮助他/她改掉坏习惯养成好习惯,试图去改变一个成年人,最后都失败了。正是因为习惯不可以再生,所以好习惯才格外珍贵。

知识和才华,是可以通过学习获得的。只要有了好的习惯,只要积极上进,只要有足够的耐心,成年以后也容易获得知识和才华。如果说在习惯上改变一个成年人是不可能的,那么在知识和才华上改变一个成年人就是比较容易的事情。

孩子,既然习惯这么重要,在要求别人习惯好的时候,千万不要忘记自己也要有好习惯。从现在开始,你要重新审视一下自己各方面的习惯,哪些是好的,哪些是不好的,不好的习惯要抓紧改,改习惯要当大事来抓。千万不要在别人面前经不起考察。

祝你能有幸福如意的婚姻,你的孩子能有一个优秀的母亲!

父亲
2019年12月3日

第45封信
勤奋放第一,幸福无上限

亲爱的孩子:

关于勤奋的重要性,以前我们多次讨论过。

这个世界上,最不应该饶恕的缺点是粗心,最不值得夸奖的优点是聪明,最令人敬佩的品质是勤奋。幸福是奋斗出来的,奋斗的人们最高贵。

龟兔赛跑的故事寓意深刻。勤能补拙,笨鸟儿先飞就不会耽误了有虫吃。没有了勤奋,躺在聪明和高智商上头睡觉,腿长的兔子在赛跑中也是失败者,不早点起床的鸟儿也吃不到虫子。孔夫子就坦诚地说过:"十室之邑必有忠信如丘者焉,不如丘之好学也。"夫子依靠自己的勤奋,广招门徒精心培育,周游列国布道传经,逐字逐句裁定诗书礼乐易春秋,用汗水和心血铸就了大成至圣万世师表,凝聚为中华文明的伟大导师,一直引领着中华文化的发展。而夫子同时代的那些和夫子一样聪明甚至比夫子更聪明的人,因为不具备勤奋的品质,身体和灵魂都早已腐朽化作了尘土。

多少好孩子都是因为妈妈的懒惰而耽误了。别人不说,你就有亲身体验。你小时候体弱多病,只上过半个学期幼儿园,别人的小学六年,你加起来大概没有上够四年,初三那年暑假补课还没有结束你就不去学校了,元旦前你一进班就引来了同学们的惊呼声;某某的暑假终于结束了。春节过后我们干脆把租来供上学用的房子也退了,那个学期去过几天学校我忘记了,反正是可以掰着指头数出来的数字。高中耽误的课程和初中相比确实是少多了,但是和你的同学相比还是多得让人觉得不能理解。你这样的情况,居然还考上了最好的高中,居然还考上了理想大学的理想专业,现在又成了金牌医科学府热门专业的研究生,还担任了班长和某研究生会主席。所有这些,都应该归功于你妈妈的勤奋。为了教你,她自己先学一步,你学习到几点她陪伴到几点,你已经睡觉了,她还在学习你明天要学习的内容。你的妈妈是把妈妈和妻子当作最大的事业来做的。你妈妈的大学同学,有的人升本科了,有的人考研究生了,有的人上博士了,她不为所动,她始终把孩子放在第一位,把丈夫放在第一位,把家庭放在第一位。为了给家里人特别是你治病方便,你妈妈学会了护理工作,尽管医生和护士职业接近,但那毕竟是两个职业,学起来也是要下一番苦功夫的。

你的上进,你的顽强,你的执着,你的钻研,你的仔细,你的有条理,你的善良,都和你妈妈的言传身教分不开。你小学三年级时发表在作文平台上的《我的妈妈真好》就是你当时的真实感受,如果让你现在写写你的妈妈,相信你会写得更具体,更丰富,更感人。我觉得你的妈妈比绝大多数人的妈妈都更加伟大。将来的你,是否会获得诺贝尔医学奖,也未可知。

孩子,在给孩子选择一个聪明的妈妈和勤奋的妈妈这个问题上,如果聪明和勤奋只能选一个,宁可选择勤奋也不去选择聪明,一个勤奋的妈妈对孩子所起的正面作用是不可估量的,这是所有人的共识,是被实践无数次证明过的颠扑不破的真理。

祝你能幸运地遇到一个勤奋的好女孩,建设一个幸福的家庭,培养几个优秀的孩子。

父亲
2019 年 12 月 5 日

第46封信
职业折射个人素质和家庭实力

亲爱的孩子：

三百六十行，行行出状元。职业没有高低贵贱之分，只有分工不同，无论哪一种职业都是社会生活所需要的。

个人及其家庭对一个人职业角色扮演的成功有着重大影响，职业对个人及其家庭的幸福美满指数同样有着重大影响。

社会越发达，第三产业就越兴旺，欧美发达国家第三产业的产值在国民经济中所占的比重已经高达60%~70%，从业人员在就业人口中的比重还要更高。服务业的工作对象是人，不同行业服务的对象不同。律师工作的对象心中都有愤恨，意在报仇雪恨。医生工作的对象都在痛苦中呻吟却也积极向上地求生。教师工作的对象虽然单纯幼稚却在蓬勃成长。服务员工作的对象是付款购买了你的劳动的人。重体力劳动者从事第一、第二产业，工作的对象是没有生命没有表情没有信息交流的物品。

近朱者赤近墨者黑，工作对象对从业人员的情绪、态度甚至价值观的影响都非常明显。工作对象的负面或者正面的情感态度价值观总要通过长期的接触和感情的交流或多或少地转化成从业人员的情绪和思想的有机构成。长期重复的职业要求会让人形成固化的思维方式、行为习惯和办事风格。会计的思维是"斤斤计较"，只要发生经济往来就必须建立书据，只认书据不认人、不认事实。教师的习惯就是"指手画脚"，像出现在学生面前一样以真理的姿态出现在所有人面前。律师的心中人世间到处是需要伸张正义的冤情,习惯于不越雷池一步地套用条文。工人的做法是在人面前就像在没有感情没有思想的物品面前一样,想说什么就说什么,有的人有时候不免显得有点粗鲁甚至不够文明。

从事什么样的职业就有什么样的朋友圈,人一生中的朋友绝大部分和职业有关,不是职业相同,就是职业相关,因为职业而建立起来的朋友关系是最为长久最为牢固的关系,同学情和战友情都是因职业而建立的。职业相同的人在思想意识和喜怒哀乐方面都有非常大的相似性,这就是在工作中形成的志趣相投。一个人的业余生活相当大的一部分都是和朋友一起度过的,职业通过影响朋友圈来影响一个人的精神世界,发生作用更加潜移默化,影响效果更加深入持久。

职业影响着从业者,同时也影响着从业者的家属,包括父母、配偶、子女、兄弟姐妹和各种各样的亲人。出于对从业者本人的关心,家人在获取信息的时候总是自觉不自觉地选择与从业者有关的信息,家人在情感上总是站在从业者的立场上,在态度上总是帮着从业者说话,在思想和价值取向上存在和从业者所从事的行业无限趋同的倾向。

不同的劳动强度所导致的直接结果就是身体的疲劳程度不同,工作越是疲劳的人恢复体力需要的时间越多,业余生活包括做家务的时间就越少。夫妻中有一方是重体力劳动者,承包家务劳动几乎就成了另一方的义务,家务劳动的头绪繁多,单单子女教育就是一个巨大的工程。每个人的时间和精力都是有限的,在繁杂的家务面前难免会手忙脚乱顾此失彼,直接影响了家务的效果,洗衣服做饭抹桌子扫地这些事情的效果受到影响倒也罢了,倘若教育子女的效果受到影响事情就大了,这势必会影响家庭的幸福程度和发展高度。

妈妈是子女第一个崇拜的对象。父母的职业和职业习惯对子女来说都具有示范作用,父母是子女模仿的对象。尽管人们常说干一行伤一行,但是绝大多数人还是干一行爱一行的。父母做什么工作子女也做什么工作,这样的家庭在数量上还是挺多的。这一方面出于子女的模仿效应,另一方面也出于父母的引导和认同,毕竟每个人都是在自己所从事的职业领域之内占有一定的优势,在业务上对子女进行帮助和指导也是当然的近水楼台。你自己就受到妈妈职业的影响选择了医生这个职业。

我们还没有谈不同职业的经济收入情况不同,这对家庭生活和子女教育也是有着直接影响的。经济因素和其他几个因素相比较,显得逊色了许多,处于次要的地位。子女的教育,和家长的知识层次有关,没有文化的家长是辅导不了子女写作业的;和家长的思想意识有关,有的家长根深蒂固地以为读书无用,以为卖菜扫马路出售早餐的人也一样会幸福;和家长的经济收入状况也是有关的,有钱的家长才可以到学校周边甚至校园内租一套房子陪读,没钱的家长给孩子支付点买书的费用也比较困难。说到底,子女的教育和成长问题是一个家庭综合实力发生作用的问题,高考考场上拿笔书写试卷的是孩子,孩子写什么样的答案是由包括父母的职业、习惯、观念、文化程度、经济收入等各方面因素在内的家庭综合实力来决定的。

一个人从事什么样的职业,是和这个人的综合素质相匹配的,而综合素质的形成正是他所出身的那个家庭综合实力作用的结果。在职业上所能达到的业绩高度,透露着一个人所出身的家庭的综合实力。这是一个人人都明白的道理。一定意义上,职业浓缩着出身,职业涵盖着出身。出身好的女孩子职业也差不到哪里去,出身不好的女孩子一般情况下所从事的职业对家庭幸福和子女教育是负面影响大于正面影响的。

孩子,给你的孩子选择一个好妈妈,怎么能不把职业放在出身的前头作为标准进行重点考虑?

祝你能遇到一个这样的好女孩为伴,她的职业与你的职业相得益彰。

父亲
2019 年 12 月 6 日

第47封信
故事里包含着可操作的哲理

亲爱的孩子：

　　配偶是一辈子的伴侣，生活起居要朝夕相处，大事小情要同心协力，头疼脑热要相互照料。小时了了大未必了了，小时昏昏大未必昏昏。一个妻子对丈夫的影响和对子女的影响都是一辈子的，不仅会深刻地影响到子女，还会深刻地影响到子女的子女。给孩子选择妈妈，同时也是给孙子选择奶奶，就要站在孩子和孙子的立场上，站在未来的高度去权衡、考虑和选择。

　　以铜为鉴可以正衣冠，以古为鉴可以知兴替，以人为鉴可以明得失。俗话说三岁看大七岁看老，人的未来是可以预测的。现在可以看作是历史的方向，未来一定是现在的延伸。虽然我们都是普通人，不是预言家，不知道一个人在未来会具体地做些什么事情，会达到什么样的高度，但是我们只要注意仔细观察并善于开动脑筋，就可以预测一个人未来的基本走势，预测一个人向哪个方向发展。

　　对一个人的过去有多么全面多么深刻的了解，对这个人的未来就会有多么准确的预测。每个人从婴幼儿成长为成年人，都是由他的内在品质、行为习惯和个人兴趣引领和推动的。

　　每个人的成长和发展都有自己的轨迹可以遵循，发展的方向基本上是一以贯之的，并且发展呈现加速度前进的趋势。父母是一个人效仿的榜样，是一个人成长的影子，也是一个人做出价值判断和价值选择的重要参考。我们发现对好多人来说,他的父母的现在,就是他自己发展的未来。

一个人发展的方向取决于他对事物的价值判断和对社会自然的认知。吃喝拉撒睡,衣食住行娱,公共的个人的,自己的他人的,既成的奋斗的,过程的结局的,凡此种种,什么是好什么是坏,什么有价值什么无意义,什么重要什么次要,什么当紧什么可以缓一缓,人人都有自己的明确判断。人总是在追求自己认为有价值的好的东西,总是去办自己觉得重要的事,总是把自己心中的当务之急放在眼下来处理,总是竭尽全力回避无意义的不好的结局。价值判断就是一个人走向未来的发展方向,行为习惯和努力程度就是一个人走向未来的发展速度,顽强意志和恒久坚持就是一个人到达未来的发展高度。

讲故事是做妈妈的基本功,把故事讲好是优秀妈妈的共同特点。法国著名思想家卢梭曾经说过:"有3种教育方法会给孩子带来不良影响,它们分别是讲道理、发脾气、刻意感动。"年龄越是幼小,对听故事就越加痴迷,越能从听故事中开启仁德开发智力,一个精彩的故事往往能给孩子带来终生的影响。从前,有一只胖胖的狐狸偷偷钻进了鸡笼里,它一口气把鸡笼里所有的小鸡都吃掉了,大快朵颐后的胖狐狸心里很是高兴,它抹了抹嘴巴准备回家睡觉,猛然发现自己的肚子太鼓了,而洞口却太小。狐狸只好在鸡笼里等待自己的肚子变得足够扁,等了一天出不去,等了两天还是出不去,等了三天肚子还比洞口粗,就这样一连在鸡笼里饿了五天才钻出了鸡笼。回家的路上它感觉自己依然十分饥饿,饿得头脑发昏,眼前飘动着好多一闪一闪的星星,就像压根儿就没有吃到过小鸡一样,好像一点东西都不曾经得到,反而还丧失了五天自由关了五天禁闭。这是袁隆平小时候妈妈华静给他讲的故事,妈妈告诉他胖狐狸贪心的危害,吃小鸡超过了限额,最后得到了老天的惩罚。袁隆平体会到了做人也是一样,不可以有贪心,不能什么事情都让一个人成功,一个人只能认准一件事,只能在一件事情上不辞辛劳地坚持努力,这样才能够成功。多才多艺的袁隆平没有贪多贪大贪立功,他只选择了一个奋斗方向——杂交水稻,一奋斗就是一辈子。袁隆平就是在妈妈的故事中吸取了贪心狐狸的教训,培育出杂交水稻,从根本上解决了全国人民的温饱问题,故事的作用使得他功勋卓著,使得他对人类的贡献超过了好多诺贝尔奖得主,人民对其冠以"杂交水稻之父"的美誉,国人都尊称他是"当代神农"。

追求生活越来越幸福,促进家庭越来越兴旺,着眼于子女一代比一代有出息,就要把未来看得比现在更重要。尽量详细地了解一个人的成长经历,尽量详细地了解一个人的父母,尽量详细地了解一个人的价值取向,这是预测一个人未来的基本方法。给孩子选妈妈把未来放到第一位,最为关键的是要看所选的人有没有未来的眼光,是不是重视教育,能不能把子女教育当作自己的使命,会不会为了子女牺牲自己的事业。林肯出生于鞋匠家庭,他的妈妈萨利总是用未来的高度引领林肯:"鞋匠的儿子不一定要当鞋匠,如果你有追求,完全可以努力去争取!"奥巴马的妈妈眼光看得很远,什么困难都吓不倒她,她总是把充实自己强大自己作为解决问题的办法,从来不怨天尤人,总是让孩子从她对待事情的态度中领悟道理,着眼于培养孩子未来的自我发展能力。

一个女孩,不管她现在的工作有没有成绩,不管她未来会不会在事业上取得成绩,只要她有未来眼光,只要她能用人格、奋斗和恰当的方法引领子女成长,只要她能够把培养好子女当作上帝赋予自己的神圣使命,敢于担当,勇于承担,不推卸,不等待,不懒惰,有耐心,有爱心,有细心,能扎扎实实去实施对子女的教育,就是值得信赖值得选择的人。做出了这样的选择,就是把未来放到了第一位。

孩子,睁大你的眼睛识别人,愿月老保佑你找到称心如意的另一半。

祝你好运。

父亲

2019 年 12 月 7 日

第48封信
人间的美好,在于爱心

亲爱的孩子:

曾经思考过的一些问题,随手记录的一些话,有感而发,零零星星,没有什么体系,也许能发生点启迪思维的作用。

爱是感情的自然流露,而不是装腔作势。

生活所迫,肚子还是空的,哪里能有时间和精力想爱情?

生命诚可贵,爱情算什么。若为生活故,金银放不下。若为健康故,一切空了了。若为幸福故,一切了空空。

心若没有了归宿,到哪里都是流浪。既然不愿流浪和漂泊,就需要有一个能寄存心灵的地方。精神的依托,才是永远的永远。

一个年轻人,婚前感觉生活很幸福,自我评价是:一个人的精彩。婚后,感觉生活更幸福了,自我评价是:两个人的精彩。同时,把婚前的幸福生活重新评价为:一个人的无奈。

精彩的生活旋律,不是一个人能演奏出来的,需要集体的磕碰。

没有人会喜欢一个不知趣的人,没有人会喜欢一个没有尊严的人。人活着,要活得有尊严。在任何人面前,都要知趣地有尊严地活着。

人间的美好,在于爱心。

关心和体贴最可贵的就是细微,就是细致入微。也许,有人会觉得它们微不足道。微,确实不足道,但是值得去体味,值得去享受。世界上的事情,最不足对外人道的事情,大概也是最享受的事情了。

距离产生美,相处产生更美。距离产生美,相处产生爱、产生亲、产生融为一体。在一起,远远大于在梦里。

缘是什么?缘是原因,是机遇,是作为原因的那个机遇。缘字右上角是一个互,下边是半个家,左边是一条线,通过相互需要这个纽带,联结起来成为家庭一般的利益共同体。

浮躁的心,不安的人,激情的事,都不该忽略的思考是:过了今天,如何面对,怎样生活?

片刻的凝思,也许就是永恒的享受。

不止有梦,更有逐梦人。梦的实现,总是那么叫人怡然自得。

恋爱的时候还年轻,不懂什么是爱情。成熟的时候都懂得生活了,还怎么谈爱情。懂得爱情的时候,早就生活了。虚幻的世界,真挚的爱情。

留在心间的是甜甜的记忆,留在书面的是凿凿的历史。

宽容心,忍让心,理解心,助人心,为人心,护人心,离开了这些,我不知道什么是爱心。

人和人之间,最紧要的是尊重。尊重人,最紧要的是尊重人的思想。

数量,永远不是质量。无论多少,都不是。

无法估量的是爱情的力量。道义和责任,却在爱情之上。

明天会何如?谁都说不准。给自己的记忆添加更多的色彩、更多的绚丽。

人生是严肃的,岂可随便?

识大体,顾大局,明大理,抓大事。

任何人,无论男女,都是从变得务实那一天开始自己的幸福生活的。在半碗大米和一束玫瑰中间,女人总是选择一束玫瑰,毫不犹豫。

宁可我受委屈,也要幸福他人。这样的高尚,人人都有。正如我佛所说,人人都是佛。

真诚不真诚,自己心清楚,别人有感觉。真诚不是说出来的,而是做出来的。只有用实在的行动,才能证明内心的真诚。

义气和感情,是男人的生命,也是男人的致命伤。

有人任性是因为有钱,有人任性是因为有权,有人任性是因为什么也没有。我任性我的诚实和天真。

吸得京师新空气,却道杭胎味不同。青苹果的酸涩,正是它最独特的滋味。

关爱总能演绎成友善的琴弦,恶毒定当凝铸成仇恨的果实。

都是沂蒙山上的狐狸,却不一定都做蒲松龄的神鬼精魅,也可以做烦恼的少年维特,还可以做威尼斯商人。

整个古城成了火的世界,地面的水抽干了,天空的救援飞机一个个地往下掉,战斗的人们一群一群地倒下。风还在肆意地刮,随风而窜的火苗在吞噬着大大小小的生命。他携着他的狗儿,四处寻找可以躲藏的地方,沟谷、河道、房屋、山梁……终于,火熄灭了,地面到处是黑色的灰烬。猛然间,天空下起了瓢泼大雨,他撑开了一把大伞,在大伞下的狗儿,又撑开了一把小伞,幸福地走下去。

只可以责怪自己没魅力,万不可嫉妒别人有能力。

人心其实很微妙。或莫予,或莫取,莫予莫取,无爱无恨,无情无仇。予而后取,欲壑难填,取而后予,愤怒难解。

男人的责任是疼女人,女人的责任是疼孩子。

牵挂人心的人,上为父母,下是子女,中有配偶。牵挂人心的事,都是所牵挂之人的事。至于情感,东山西山而已。

女人是上帝恩赐给男人的最精美的礼物。她相夫教子、料理家务,勤勤恳恳、任劳任怨。她打拼工作、行走江湖,开拓进取、不让须眉。在外面别人当她男人用,力气没有少出。在家里她自己当她女人做,担起繁重家务。男人问上帝:"我应该怎样感谢您?您赐给了我最好的礼物。"上帝说:"你应该这样感谢:用你一辈子的真心和行动,心疼她,体贴她,爱护她,尊重她。"

失去了尊严,你就不是王子,而是乞丐,没有女人爱乞丐,女人爱的是王子。反则,女人失去尊严就是发了疯的怨妇,而不是公主。

说母爱是伟大的,不只是因为妻子养育了自己生产的儿女,更因为她还精心呵护和培养了婆婆生产的儿子。丈夫是妻子的第一个孩子,千百年来,大家都这么说。

男人嘛,就要承受他应该承受的,默默地承受,无论是煎熬,还是痛苦。与其说是承受,不如说是享受,享受煎熬,享受痛苦。不一样的心态不一样的感觉,享受煎熬是快乐的,享受痛苦是幸福的,享受着的生活总是蜜一般的甜。煎熬磨炼意志,痛苦增益心智。

受尊重是所有人都想得到的满足,夸奖是使人进步的动力。夸奖一分,进步一丈。人的满足,无论是拥笑入眠,梦中笑醒,还是喜在眉梢,合不拢嘴,总是来源于他人和社会的肯定,好多时候,就只是来源于某一个人的肯定!

家庭,最重要的是和睦。夫妻,最重要的是恩爱。生活,最重要的是平安。

婚姻也是建立在金钱基础上的上层建筑。人民群众说,有米有面好夫妻,没米没面拾掇起。

只有细雨才能绵绵,一直下,一直下,一个星期,半个月,甚至更久。暴雨就是一会儿的事情。暴雨下一会儿就结束了,天就会放晴了。

人是最好的风景。

幸福的人,只需要一次婚姻就可以幸福终生。不幸的人,无论一生经历多少次婚姻,其结果都是不幸,甚至经历的婚姻越多越不幸。所以,幸福是什么?说到底,幸福是一种个人品质。

不要说没有背景只有背影,背影也要看看是什么样的背影。

哪有完美?有瑕疵,才是最好。完美是密闭容器,透不进阳光,透不进空气,透不进水分。完美不是人的世界。完美和生命,对于人类,只能是单选题。

有人关注,即是幸福!

在一起是爱人,分开是曾经的爱人。无论是爱人,还是曾经的爱人,一个人,一生中,都没有几个,都要珍惜。

滴血的心,伤悲的人。就算遍体鳞伤,也要撑起坚强。

揭穿谎言未必就能听到实话,听到实话结果会更尴尬,听到实话局面会无法收拾。不如假话当真话听,凡事往好处想,该干什么干什么。

没有人愿意遭遇折磨,没有人能够长时间忍受折磨。

放下一段痛苦,开启一份快乐。背着一个包袱,携带一生折磨。

宽容,宽容人,宽容事,宽容缺点,宽容错误。心宽,世界就宽。宽容一切,一切都美好。宽容是康庄坦途,计较是悬崖峭壁。宽容很难,所以宽容十分珍贵。

春的温暖,总能叫人忘记冬的严寒。

满面笑容的背后所潜藏的是艰辛和苦痛,满不在乎的表象所掩盖的是不舍并沉重。

小事随风而去,大事刀刻心间。

每个年龄段都有属于自己的美的标准。40岁不和20岁比脸蛋,20岁也不和40岁比内涵。美不美,不是自己说了算,那是别人的评价。大家喜欢,就美;周围朋友多,就美。

传说中的朦胧,山朦胧,水朦胧,鸟朦胧,狗朦胧,木朦胧,草朦胧……天地朦胧,时空朦胧,人生朦胧,朦胧亦朦胧。

孩子,爱情也罢,婚姻也罢,正常的生活正常地过,平凡中有伟大,平淡中生幸福。生活是这般美好,没有理由不积极进取。关注细节,日积月累,精品总会成就。正所谓如琢如磨,如切如磋。

千叮咛万嘱咐,好啰唆,啰唆的每一个字都是关心和爱护。

祝你身体好,心情好,生活好,一切好。

父亲
2019年12月25日

第㊾封信
正常的日子,就是幸福的生活

亲爱的孩子:

　　今天的拼搏,是为了明天的幸福。接下来的日子,要更加努力。过程足够勤奋,结局才能臻于完美。未来的你,必将感谢今天的自己。

　　人生路上,没有白吃的苦。所有的辛劳,迟早都会转化成不同形式的收获。幸福就在辛劳中。

　　阳光透过窗户的玻璃流淌进来,洒落在地上、床上,还有我的身上,然后,又静静地,静静地,休憩在那里。惬意的,不是这宁静的冬天,而是这恬适的心情。

　　平平稳稳,平平庸庸,平平淡淡,平平常常,平平安安。这就是幸福。

　　挑战,是很幸福的事情。做平庸的事情,交平庸的朋友,一点都不刺激。平庸,总是交代不了自己这颗跳动的心。

　　世界上缺少的不是幸福,缺少的是对幸福的认同和体验。幸福和不幸福其实是同一件事情,从这面去看是幸福,从那面去想就是不幸福。同样的一碗面条,有人觉得好吃,有人觉得不好吃,觉得好吃的人就是幸福的。为什么我们不从幸福这面去看呢?

　　从容的生活,才是幸福的生活。从容的生活,快乐才会长久。

　　人,都在努力摆脱不幸福,都在追求幸福。不幸福,就成了幸福的前奏。正是不幸福,在呼唤着幸福。

　　满足就是幸福。永远满足,让满足成为生命的常态。午年满足骏马,卯年满足狡兔。欲之为壑，无广无狭无深无浅，不言充填。

快乐的方法，就是努力叫他人快乐。

简简单单，是人生的最好境界。

生活幸福的秘诀就在于不可要求过高。

生活是美好的幸福的，没有那么多的苦。

什么是幸福？幸福就是平衡。

理解和珍惜，是幸福的源泉。

什么是自由？自由就是逍遥幸福地生活着。"生命诚可贵，爱情价更高。若为自由故，二者皆可抛。"为了逍遥幸福的生活，什么都可以不要。

幸福＋不舒服＝也幸福。幸福＋舒服＝更幸福。幸福＋幸福＝最幸福。

正常的日子，就是幸福的生活。

放下不愉快，才能腾出手拿起幸福。

什么是幸福？幸福就是酸甜苦辣。离开了煎熬，就没有幸福。

什么关系是最叫人幸福的关系？商业关系。在商业关系中，谁都不欠谁的，谁都别指望约束谁，谁都约束不了谁。最难还的是人情。

偶尔想起过去，只是为了长点记性。保持展望未来，生活才能幸福。

只要用心，只要努力，行行可以出状元。不用心，不努力，硕士博士又怎样？用心了，努力了，谁都可以创造奇迹。

这个世界，有这个世界的规则和逻辑，没有一件事情是可以随意的。

人，无论从事什么职业，都是人。首先是人，然后才是做什么职业。什么职业都是为了谋生，都是为了生活得快乐。

经历不一样，信仰不一样，理解不一样，生活就不一样。

与其在精神上折磨自己，倒不如在行动上脚踏实地。生一年的气，都不如一个竞争的行动更有意义。

做好自己，才能堵住诽谤的嘴巴。

人和社会，瞬息万变。不懂，是最正确的状态。

事是理的展开，理是事的概括。事中有理，理中有事。大道理都是来自生活琐事。没有生活，就不能真正理解大道理。每一根白发，都代表着一份对生命和生活的感悟。

人生在世，如果什么都生气，会早早气死的。如果什么都想得开，长命百岁，会什么都得到的。

不必抱怨历史的惨淡，不必在意历史天空飘过的一朵浮云，一心编织今天生活流淌的七彩阳光，一心酿造今天的幸福。宽容送给过去，眼下秉持认真。

天气的阴霾，并不妨碍酣畅的愉悦。

太阳照例是东方升起西方落下。

一切向前看，无论何时无论何地无论何事。否则，你就辜负了上帝没有把你的眼睛安排在后脑勺上的良苦用心。

路再远，也要悠着点走。

用发展的思维解决遇到的困难。

所谓摸着石头过河，就是小步前进加迂回前进。

一夜成梦，有尘在身。沐心浴体，凿凿崭新。

真心真意去对待他人，应该是什么样的结局？我们可以少一点功利，多一点包容。世界的多样性，是世界的美丽性所在，也是世界的复杂性表现。世界上的事情，并不都是用一个模子刻出来的。世界是我们的，世界上的每一件事情，每一件事情的每一个结局，都是我们应该为之而欢呼的。

无心和心无，不一样。无心是一开始就没有心，从来就没有。心无是原来有心，现在没有了，没心没肺，活得不累。

倘若你的眼睛是白色的，你就按照野兽的法则来待人。倘若你的身体是穿了衣服的，你就听从纲常廉耻来处事。别人怎么样是别人的事，我只管做好我自己，我只要外化我的良知和善心，我只要追逐我的仁至义尽。

心田如农田，春天的播种，决定秋天的收获。噩梦、好梦，都是自己种下的种子。

善者涅槃，勇者重生。倘若失去了心，将是永恒的地狱，无法重生，不能涅槃。

路，起点在头脑中，终点在遥远处。思路就是出路，追求就是所求。

风霜雨雪，阴晴冷暖，都是正常的事情。无论外界怎样变化，始终紧紧把握住自己。管他春夏秋冬季，任尔东南西北风。

下象棋，是一种修养。叫我看，怎么都明白。叫我下，怎么都出错。为什么？只有一个原因，不冷静。为什么不冷静？就是因为杀伐心太重，只想吃子儿，忘记了最终的目标。只管在前面冲杀，老将却没有了。也许我们是真的见不得太慢的人，但是，太慢的人往往是吃了我们的老将的那个人。

勇敢地去面对现实，而不是逃避，这才是真正的内心坚强。

活在未来的，是因为年轻，是因为经历太浅。活在过去里的，是因为已经老了，已经把属于自己的所有未来挥霍掉了，只剩下了回忆。活在当下的，是因为疲惫，家庭的，江湖的，晚辈的，长辈的，亲戚的，朋友的……所有的事情都得去做，所有的责任都得去承担，没有时间去回忆过去，也没有时间去设计未来，是忙忙碌碌的中年人。

昂起头，保持一份尊严，高傲地走向初升的太阳。初升的太阳，永远是崭新的开端。

保持一份高雅，何必那么世俗？不获得，才是永恒的获得，才够味儿。

未来就是正来。未来是梦想，正来是现实。梦想再好也是画饼充饥，不如投身现实的平淡。

何必咋呼？何必张扬？还是诚恳和稳重好。

真诚地对待他人，友好地对待朋友，无私地对待亲人。关爱人而指望报答，是很累的，也是很虚伪、很自私的。给人家一点点，自己老是想着对方报答我了没有，报答够不够多，那是很累的。那样做的目的不是在对人好，目的是对方的报答，所以很自私，很虚伪。

所有成败都在心间。热闹的轨迹，凝成了孤独的未来。

做什么都不要上了瘾。上瘾，就是过分；过分，肯定有害。

不总结，不思考，不探索，就不会进步和发展。

没有笔直的道路，山高水长，千回百折，所有的故事都是波澜的，一帆风顺只能是良好的愿望。

在适应社会中改造社会，渐进。渐进，大家都幸福。疾风暴雨式的变革，需要太昂贵的成本。

好事不会一直陪着你，坏事不会一直远离你。有喜就有悲，这一刻是喜，下一刻就会是悲，喜有多少，悲就会有多少。

妄执着苦海无涯，猛回头放下是岸。

人人都有一颗头，人人都有两只手，只要动动脑，只要勤快些，这辈子就饿不着。

做事先做人。人做好了，事就快成功了。

微笑的阳光，绽放的百花，飘飞的柳絮，劳作的人们，歌唱的枝头，溢流的甜美，四月天，春光里。昨天跳动的旋律，凝成永恒的陶醉。

态字拆解开来，就是心大一点。态度说的是心大到什么程度，能容得下多大的事情。态度决定人生。任何事情，总有解答，与其烦恼，不如接受。

人和人相处，应该动的是真心，用的是真情，说的是真话，办的是真事，做的是真人。有的人就是假人，假人连鬼都不如。

修炼自己，无愧于人。善待他人，无愧于心。做好我自己，善待众有生。

言为心声，眼为心窗，体为心用。

良好的性格和修养，是根本的美，永恒的美，是掉光了牙齿依然可爱的美。

孩子，既然选择了远方，就不要埋怨道路漫长。坚定地走下去，无论崎岖还是曲折，路的那头，就是无限的荣光。

祝你幸福的道路越走越宽广。

父亲
2019 年 12 月 27 日

第50封信
用最平常的心，走最平常的路

亲爱的孩子：

生活就是折腾，有生机和活力的定义。这个定义，叫人对生活永远有追求，叫人永远不承认现状，叫人心中永远有更好的明天。这个定义，能给人勇气，给人力量。

人为什么要冒险，比如采取革命的行为？第一，是因为前面有自己期待的利益的诱惑。第二，是因为中间有蛊惑的捐客。当然，诱惑再大，也只是期待的利益，不是现实的利益，并没有那么真实。捐客再怎么蛊惑，也是别人的撺掇，最后做出决定的还必须是自己。仅仅有这两个条件，还不足以让人冒险，因为人还会有所顾忌，会担心丢失现有的生活。所以，第三，现有的安逸被摔得粉碎。有了这三条，谁都会冒险。

理论问题留给理论家，我们的任务是走好自己的路。一样的路可以有不一样的方向，一样的方向可以有不一样的走法。人人都要走的路，就是最平常的路。用最平常的心，走最平常的路。

不要首先想报酬能有多少，首先应该想工作能做得如何漂亮。一分耕耘，一分收获。

忘我，是为了证我。打造三个自我：勇敢张飞的自我，智慧孔明的自我，勤学吕蒙的自我。

有人说会聊天的人聊对方感兴趣的话题，不会聊天的人聊自己感兴趣的话题。我的观点不一样,为什么要委屈自己、讨好别人?聊天,是为了幸福。忘记了自己的追求,一味地去迎合对方,我不喜欢。即使在生活中,也不能这样。不仅不是我们有求于对方,即使我们真的有求于对方,也要有原则。我的主张是,想说什么就说什么,想怎么说就怎么说,采取生活中不能采取的方式和口气,说生活中不能说的内容。

哲学家总是把亲历的鲜活的故事说给自己,把感悟出来的深刻道理说给读者。哲学家的道理都是以哲学家的生活来支撑的,而读者却只能用读者的生活去理解。

朋友是什么?我常常思考,却一直也没有一个满意的答案。有的时候,我以为朋友就是幸福,朋友就是快乐。有的时候,我以为朋友就是挂念,朋友就是惦记。有的时候,我以为朋友就是相聚,朋友就是厮守。有的时候,我以为朋友就是帮助,朋友就是兄弟。有的时候,我以为朋友只是痛苦,朋友只是悲哀。有的时候,我以为朋友会是分离,朋友会是期待……没有朋友的时候想拥有朋友,有了朋友的时候担心失去朋友。朋友就是生活,朋友就是人生。

一个人可能错,少数人可能错,大家绝对是正确的。

对事实的尊重,至关重要。最大的谎言,往往是自己。

有朋友这样评价我:"从没听你说过一句抱怨,不论对生活还是工作。难道你是铁打的?"我只能说,我不是铁打的,而是打铁的;铁打的,不过就是铁了;打铁的,却个个都超越了铁。

不用说在城市,就是在山上,都没有人再去关心一个陌生人是谁了,时代不同了,观念都更新了,对外界的事物有了更开阔的接纳胸怀。山上人也很忙,自己的事都管不过来,没有时间和精力去管别人的事。大家都想省点时间,省点精力,好去挣点钱。好多过去的经典问题,都转化成了现在的傻问题。

川水浩浩付东流,细草茵茵有春秋。只争朝夕。

对别人好,就是对自己好。否定别人,开脱自己,不是谁都能做得到。这需要不受良心的煎熬。所以总书记说,要敢于担当。

阔叶先落,枝头的摇摇欲坠,当空的飘飘洒洒,地面的层层叠叠,金黄的,翠绿的,同在。这是秋天的美丽。秋天的美丽,就是秋天的哲理。深秋的早晨,散步在北郊宽阔的马路上,道路两旁的树木,有法桐,有水柳,有白杨,有家槐。地面积了一层厚厚的落叶,法桐的叶子,最多。过客,才是风景的欣赏者。风景,在过客面前,才有意义。

潇洒浪漫温柔的雪花,已在呼唤着闹人的春意。寒冷,到底只能是短暂的。雪花飞扬,纷至沓来,任凭其亲吻你的脸颊,你都无法拒绝,只能凝神享受这荡漾的温柔。

任何人都有一个能力半径,处于他的能力半径之外的人,无论好坏,他都鞭长莫及,既不能祸害,也不能恩泽。对小人,敬而远之。祸害你的人,亲近你的人,都是你亲近的人。

做人一定要搞清楚自己是谁,最根本的是要明白自己是做什么的。根本问题搞清楚了,自己是从哪里来的,又是要到哪里去的,什么是自己能做的,什么是不能做的,自己需要什么,不需要什么,这些问题就都有了答案。

了了空空,白纸一卷。子曰:绘事后素。

周既如蝶,蝶当似周。

出路出路,走出去才有道路。困难困难,困在里面就是灾难。

把简单的事情想复杂,叫举轻若重,那是对自己的折磨。把复杂的事情当简单来处理,叫举重若轻,是对自己的疼爱。宁举重若轻,勿举轻若重。

每一个行为的背后,都有积极的理由,即使是错误的行为。

放下方为超境界,何时背着何时累。满头银丝非枉在,人生原来有真谛。一日计较一日罪,一朝瞑目化作仙。回首重审凡间事,何止百岁笑童年。

并秀万物齐辞春,生机勃发立夏中。昨日骄阳已近火,人间周流惬意声。

淡淡来,淡淡往,友谊树,赛地久,比天长。君子之交淡如水,相敬地老天荒长。小人之交甘如醴,反目分道扬镳忙。

一夜细雨轻敲窗,伊人在远方。

付出的善心，做过的善事，都是种子，有朝一日，总会生根发芽开花结果。种善得善。

世上本无事。世界上的事情，没有一件值得你去生气的。生气，就是损毁自己的身体。有什么比你的身体还重要的吗？生气是愚蠢的自我惩罚。生气这件事，伤人，更伤自己。

微微一笑，作别昨天的旧我。回归本真，续写幸福的华章。

富贵不能淫，威武不能屈，贫贱不能移。不卑不亢，自由平等，尊贵独立。这就是尊严。

思维的眼睛，最亮。谁也不会一下子就什么都明白，只能一步步靠近明白。每天明白一点点就好，日积月累就是大觉悟。

闲云野鹤，来去无踪。从潇洒处拽来，到潇洒处拽去。潇洒着自己的潇洒。

什么叫勇气？勇气，就是胆大，就是不怕窒息，不怕一切。怕什么？什么都怕，就什么也别做了。

慢是好习惯，慢是成功的好兆头。

千万不要去洞悉一个人的内心世界，被人洞悉内心世界，是不爽的感觉，会产生仇恨。群处要守口，独处要守心。

人本是人，不必刻意去做人；世本是世，无须精心去处世。这就是真正的做人与处世了。

什么是大师？品德大，境界大，学问大，能力大，成绩大。一言而蔽，就是影响大。心中装上三千大千世界，把琐碎小事放下。做小人物，立大境界。

用现在的精力克服现在的困难，以后的问题，就留给以后的智慧去解决。

祝你身体好，心情好，生活好，一切好。

父亲
2019 年 12 月 31 日

后 记

今年网上曾流传一个短视频,2019年2月6日,正月初二,江苏省连云港市一位105岁的老妈妈给74岁的女儿发压岁钱。

在父母的眼里,子女始终是孩子,无论多少岁。

呱呱坠地褓褓婴儿,子女是父母手心里的宝。为了子女成长,父母用尽全部的力量去呵护。子女睡觉了,父母得为子女准备东准备西,准备吃准备喝,准备穿准备用。子女醒了,父母得照料子女,逗子女开心,陪子女玩耍。

上了学堂成为学生,子女是父母眼中最优秀的那个孩子。为了子女全面发展,父母是厨师,肉食、素食、羹汤,孩子喜欢吃的父母都必须会做。父母是老师,讲解知识,辅导练习,批改作业,分析成绩,疏导心理,孩子成长需要的,父母必须首先学会。

参加工作步入社会,子女是父母心中的牵挂。怎样做工作,怎样处同事,怎样待领导,一宗宗一件件,都在父母心中,经常絮絮叨叨。

结婚生子成家立业,子女依然是父母心中没有长大的孩子。收拾房间,洗衣做饭,各种家务,照顾孙子,调理家庭关系,不管身体和心灵经历了怎样的煎熬,父母总是说自己不累,总是说自己高兴,无论心里多么苦,父母总是用微笑面对子女……

子女是父母的心头肉,父母对子女没有任何要求,从来都是祈求子女的身体健康强壮,从来都是盼望子女的日子幸福快乐,从来都是盼望子女事业蒸蒸日上,所以总有操不完的心。

所有人都会长大。子在川上曰,逝者如斯夫;时光不停息,春秋恒更替。个子在长高,体重在增加,心智在成熟,子女的长大犹如春天里禾苗的发育,"不见其增日有所长",父母还没有察觉,邻家就已经说"孩子长大了"。抱着走,扶着走,拉着走,独立走,跑着走,跳着走,稳稳当当走,自己选择自己的道路走,谁都阻挡不了子女的成长。抚育子女成长的时间流淌得是最快的,一年是一瞬间,十年是一瞬间,二十年是一瞬间,多少年都是一瞬间,和子女在一起的时间,父母总希望长点再长点。

父母不能为子女操心一辈子,子女不能依靠父母生活一辈子。谁都不能抗拒自然规律,再健壮的人都会老去,再长寿的人也要撤离。小鸟必须长大,小鹰必须长大。小时候,子女骑在父母脖子上,兴高采烈,空中飘荡着欢快的笑声,父母的心中有无限的甜蜜。为了让子女能够得着树枝上那颗硕大鲜艳的果子,父母总是设法帮助子女踩上自己的肩膀,也许父母的肩膀并没有那么厚实,但他们一直在努力托起子女的明天。父母的肩膀永远是用来给子女踩的。成年后,父母更加希望子女能够踩在自己的肩膀上进步,眼界、事业和幸福都超过父母,发展得更快更高更远。

父母的白发和皱纹是父母最大的资本,父母的经历和经验就是父母最大的财富。"赠人以财者,唯申即目之欢;赠人以言者,能致终身之福"。金钱只能满足子女一时的消费,只有真言,才可以给子女带来终身幸福。

父母是子女头顶上的伞,是子女身上的臂。伞,臂。一片阴凉,一把力量。子女每遭受一点挫折父母都会焦急万分,子女每取得一点进步父母定然喜上眉梢。

本书汇编了五十封信,分成了五个主题。书写这些信件的目的,是帮助孩子认识社会和发展自己。

有朋友劝我出版发行,以对天下子女有所裨益。我欣然同意。

子吾子以及人之子。若能如朋友所愿,对天下子女的发展起点积极作用,这正是我的快乐和期盼。

盼天下子女都能不断进步,愿天下父母都能生活甜蜜。

武书平
2020 年 1 月 1 日